COLLECTION
L'IMAGINAIRE

Mircea Eliade

Noces au paradis

Traduit du roumain
par Marcel Ferrand

L'Herne

Titre original :

NUNTA IN CER

Né en 1907 à Bucarest (Roumanie), Mircea Eliade a vécu aux Indes de 1929 à 1931. Il a obtenu le doctorat en philosophie avec une thèse sur le yoga et a enseigné la philosophie et l'histoire des religions à l'Université de Bucarest de 1933 à 1940. Attaché culturel à Londres puis à Lisbonne, il s'établit, à partir de 1945, à Paris où il commence à écrire ses grands ouvrages d'histoire des religions. De 1957 jusqu'à sa mort en 1986, il est titulaire de la chaire d'histoire des religions à l'Université de Chicago, chaire qui porte son nom depuis 1985.

« Aujourd'hui, certes, nous voyons dans un miroir, d'une manière confuse, mais alors ce sera face à face. Aujourd'hui, je connais d'une manière imparfaite; mais alors je connaîtrai comme je suis connu. »

(*Première Épître*
aux Corinthiens, 13, 12.)

PRÉFACE

S'agissant d'une œuvre artistique dont le créateur est un savant, on est tenté naturellement d'abord d'y retrouver les idées du savant. C'est en effet dans le vaste domaine de la science des religions, qui lui est familier par excellence, que Mircea Eliade a puisé évidemment le thème central de Noces au paradis. *Ce roman en réalité est double, ou, si l'on veut, il a deux faces : deux hommes — Mavrodin et Hasnas — ont aimé d'un amour « paradisiaque » une même femme*[1]*; les deux fois cet amour échoue, les deux fois il mène à la « chute » des protagonistes : la première fois parce qu'il est incompatible avec l'amour terrestre, concrètement parlant avec la procréation, qui enracine l'homme dans le Temps; la seconde, parce que le héros n'a pas su reconnaître à temps le « miracle »*

1. Du moins peut-on le présumer en refermant le livre. A cet égard il faut dire d'emblée, pour mettre le lecteur de la traduction à égalité sur ce point avec celui du texte original, qu'en roumain *Lena* (prénom de l'héroïne de la seconde partie) est le diminutif d'*Ileana* (prénom de l'héroïne de la première partie). *Ileana* = *Hélène*.

qui lui était destiné. Sans trop entrer dans le détail de cette argumentation un peu spéciale, ajoutons simplement, pour être clair, deux choses encore : le terme de « paradisiaque » n'est nullement ici un cliché banal pour qualifier une « grande passion »; il évoque une « plénitude » de l'amour (cf. ce que dit Mavrodin au chap. IV) qui ne peut être correctement interprétée, je crois, si l'on n'a pas présente à l'esprit la mystique hindoue, où l'« amour sans fruit » est conçu comme un moyen d'arriver à la « béatitude suprême », à l'« unité cosmique » (« Par les mêmes actes qui font brûler certains hommes dans l'Enfer pendant des millions d'années, le yogin obtient son éternel salut [1] »); quant à la faute fatale au second héros, elle renvoie à l'une des thèses les plus connues de l'œuvre scientifique de Mircea Eliade : ce qu'il appelle le caractère « non reconnaissable » du miracle.

Par l'insertion d'une métaphysique à laquelle nous ne sommes guère accoutumés (il y a beaucoup d'audace dans cette innovation, une audace toute moderne, dont le risque est à coup sûr parfaitement assumé par l'auteur [2]), Eliade a cherché certainement à enrichir, à renouveler notre vieux roman d'amour européen, et ce n'est pas là de sa part seulement un procédé, ni seulement quelque chose de littéraire; une phrase de son Journal *montre combien au contraire cela correspond chez lui à une aspiration profonde : « Les mythes,*

1. Adage tantrique, cf. M. Eliade, *Le Yoga, Immortalité et Liberté*, Paris, 1954, p. 264.
2. Cf. l'essai d'Eliade intitulé *Oceanografie* (1934).

les symboles, les comportements des mondes archaïques et orientaux pourraient fournir un point de départ pour une nouvelle vision du monde qui remplacerait les images et les valeurs périmées[1]. *»*

L'élément « savant » de Noces au paradis *est fort intéressant et il est même nécessaire de le connaître pour bien saisir le sens de cette œuvre. Mais la part réelle et en quelque sorte statistique de cet élément dans la construction du roman me paraît tout compte fait assez modeste. Il détermine, certes, le destin des héros, dont il est en quelque sorte le* deus ex machina; *outre la matière philosophique du livre – qui se manifeste à vrai dire essentiellement dans la première moitié du chapitre IV –, il est responsable en partie du lyrisme, de l'extase où baigne cette double aventure sentimentale. Mais il est sans conséquence pour tout le reste, c'est-à-dire en somme pour tout ce qu'il y a de roman « pur et simple » dans* Noces au paradis.

Le romancier « pur et simple » de Noces au paradis *est d'abord certainement un artiste très « proustien », sans cesse à la recherche comme Proust de l'émotion retrouvée dans sa fraîcheur première, en même temps que dans sa signification restructurée. Un trait ne manquera pas de frapper le lecteur de* Noces au paradis, *c'est l'intensité de cette émotion retrouvée; il y a là quelques scènes inoubliables, qui se détachent avec une telle évi-*

1. M. Eliade, *Fragments d'un journal*, Paris, 1973, p. 245.

dence que l'on ne peut s'empêcher de penser que c'est autour d'elles que s'est ébauché le roman : « Pour écrire un roman, écrivait Dostoïevski, il faut avant tout se munir d'une ou plusieurs impressions-forces, effectivement vécues par l'auteur en son cœur[1]*. » Ces trois ou quatre sommets du roman suffisent à camper, magistralement, la figure extraordinairement présente d'Ileana-Lena, personnage proustien par excellence, tout entier de distinction et d'esprit*[2]*.*

Mais il y a aussi dans Noces au paradis *tout un roman « russe ». Je veux bien que, conformément au propos philosophique du roman, les malheurs des trois protagonistes viennent* d'ailleurs *(« Quelque chose se passait au-delà de nous et de notre amour qui nous faisait souffrir et rechercher la souffrance », dit Hasnas), mais dans la réalité immédiate ce sont bien les héros (masculins) qui détruisent eux-mêmes leur propre bonheur, par ce qu'il faut bien appeler leur perversité : « Dites-moi, d'où vient que parfois comme à dessein – au moment même où j'étais le plus capable de concevoir « toutes les finesses du sublime », comme on disait jadis chez nous – il m'arrivait non de concevoir mais de commettre les actions les plus vilaines, celles que... bref, celles que tout le monde commet sans doute, mais qui*

1. Dostoïevski, *Carnets de l'Adolescent*, cf. J. Catteau, *La création littéraire chez Dostoïevski*, Paris, 1978, p. 23.
2. La comparaison entre Ileana-Lena et Maïtréyi, héroïne de *Nuit bengali* (1933) fait apparaître d'évidents traits communs, mais précisément le personnage d'Ileana-Lena me paraît plus *intense.*

survenaient comme à dessein, lorsque je me rendais le mieux compte qu'il ne fallait pas les commettre? Plus j'avais conscience du bien et du sublime, plus je m'enfonçais dans ma fange au risque de m'y enliser complètement[1]. »

Eliade a le sens du mystère : comme savant le mystère est son royaume et il est, on le sait, un maître de la nouvelle fantastique. Roman à plusieurs plans, à plusieurs lectures, Noces au paradis *est aussi un roman du mystère, et notamment du mystère d'une femme. Ce thème est si important en réalité que c'est sur lui que repose l'inversion chronologique des deux histoires : le mystère d'Ileana, « suspendu » dans la première partie, est « explicité » dans la seconde – l'effet d'abord, la cause ensuite. « Le » mystère d'Ileana : il faudrait dire « l'un des mystères » d'Ileana, car il y en a d'autres, dont nous n'aurons jamais la clé.*

Quelques mots pour finir sur la forme. *La critique roumaine a reproché à Eliade écrivain les imperfections, les tâtonnements de son style; le romancier véritable n'aurait le droit de livrer que le trait définitif, ses hésitations ne regardant que lui. Eliade s'est défendu en quelque sorte en attaquant, opposant ce qu'il appelle l'« authenticité » à l'esthétique; il est vrai que par la suite il reniera ce culte de l'authenticité à tout prix. On peut objecter à Eliade qu'il n'y a pas que l'esthétique de la forme; il existe aussi, comme le dit justement Robert Kanters, une esthétique « de la sensibilité ».*

1. Dostoïevski, *Mémoires écrits dans un souterrain,* trad. de H. Mongault, Paris, 1926, p. 16-17.

Qu'il le veuille ou non, tout choix chez l'écrivain (thèmes, personnages, etc.) est esthétique, et ceci d'autant plus que ce choix est culturel; *il n'est pas jusqu'à l'indianisme, introduit dans le roman européen par un écrivain érudit, qui ne soit éminemment esthétique. Quant aux reproches de la critique roumaine des années trente, ils retardaient d'un demi-siècle au moins, car tout l'art moderne, à commencer par l'impressionnisme, se nourrit d'imprécision. Celle-ci à son tour a toute chance de n'être qu'un malentendu – voire chez certains une provocation –, comme le montre Marcel Cressot à propos des « imprécisions » de Proust (cf. deux petites phrases : « Amenez votre cousine délicieuse, agréable. Ce sera un enchantement, un plaisir »), cet « essayage des mots », c'est toujours en définitive une « esthétique du terme propre ». La différence étant qu'en pareil cas la recherche du terme propre « se voit ». L'artiste nous fait entrer dans son atelier – mais il est toujours l'artiste.*

Marcel Ferrand *

* Professeur à l'Institut National des Langues et Civilisations Orientales.

I

Dans ma jeunesse il m'arrivait parfois de fixer brusquement le visage d'un inconnu et de me dire : et si ce monsieur était *mon père?...* Je n'avais guère de mal à me l'imaginer. L'inconnu se prénommait sans doute Andréï ou Sever : j'aurais aimé que mon père s'appelât ainsi. Dans la réalité il avait nom Ioan – Jenica pour ses amis... Ainsi, cet homme assis en face de moi aurait pu être mon père, un *vrai* père, le père dont je rêvais, le père que j'avais rencontré dans certains romans – un homme aux tempes grisonnantes, se parfumant discrètement à l'eau de toilette; un homme au visage sévère, au regard bon; sportif, ironique, élégant, lisant dans le texte les moralistes français. Tel était à mes yeux le modèle parfait du père.

Certaines fois, j'aurais voulu que mon père fût un médecin illustre, un navigateur, un riche industriel. Ma mère, je la voyais plus simple : doctoresse, ou artiste. J'aurais aimé qu'elle peignît, je la voyais aller et venir dans la maison, en blouse blanche retroussée jusqu'aux coudes. Il y eut des années dans mon adolescence où je désirais que ma mère fût Italienne et mon père Anglais... Mais ceci est une autre histoire : revenons à ce que je disais. Cette chose, qui m'arrive maintenant de plus en plus rarement, a réellement troublé toute ma prime enfance et mon adolescence. Il suffisait qu'un homme s'assît non loin de moi dans le tramway pour que je l'imagine *en père*. Non tout à fait le père dont je rêvais depuis longtemps, ou du moins non toujours. Mais tout de même un père *autre* que mon vrai père. J'aurais pu vraiment *être* son fils, j'aurais pu avoir une autre mère, d'autres frères et sœurs, habiter une autre maison, une autre ville... Tout aurait pu être autrement. Oui, cette pensée m'a toujours obsédé : que tout aurait pu être autrement, ou aurait pu ne pas être du tout; que tout en ce monde est le fruit du hasard, que tout est absolument sans raison, sans rime ni raison. Me promenant parfois dans un coin de banlieue pauvre aux vieilles maisons entourées de palissades, avec leur jardin envahi de guimauve et de liseron, j'imaginais que c'était là que j'étais né, je me voyais allant avec d'autres enfants pieds nus à l'école communale, je me voyais lisant à la lumière d'une lampe à gaz dans ma chambrette peinte en rose. Ou bien au contraire, me trouvant dans quelque ville provinciale, je me voyais habitant l'une de ces maisons de riches aux grilles de fer forgé à l'ancienne, avec des nains de toutes les couleurs, avec un parc, une piscine. Je rentrais alors chez moi presque toujours agité, abattu...

Évidemment, tout cela n'a pas grand-chose à

voir avec ce que je veux vous dire, reprit Mavrodin. Mais je ne suis pas pressé. Et puis je suis sûr que quelque part, dans ces souvenirs, je trouverai la solution des événements qui ont suivi. Peut-être qu'un jour on m'a fait un signe, que l'on m'a montré quelque chose du doigt... Il serait effrayant que dans tout ce Cosmos si harmonieux, si parfait et si égal à lui-même, seule la vie de l'homme fût livrée au hasard, que seul son destin n'eût aucun sens... Je me demande par exemple si le jour où je suis tombé amoureux il ne se serait pas passé *quelque chose* à côté de moi, que je n'aurais pas vu ou que je n'aurais pas compris, et si ce n'est pas parce que j'ignorais cette chose que je me suis abandonné aveuglément, irresponsablement, aux événements. On s'aperçoit subitement que l'on est *transformé*, presque sans se rappeler où cela a commencé. La première fois qu'un ami à moi s'est marié, je suis resté une nuit entière à discuter avec lui, cherchant à comprendre ce qui s'était passé, comment il en était venu là, quelles normes ou quelles passions l'avaient poussé à prendre cette décision. Je vous avoue que je n'ai presque rien compris...

— Personne ne peut comprendre ce genre de choses, dit Hasnas.

Il avait une voix changée, étonnamment sobre, presque solennelle. On apercevait dans l'obscurité la lueur de ses yeux perdus dans le vague.

— Personne, répéta-t-il plus lentement. Ça arrive comme ça, sans qu'on sache comment, sans qu'on se rende compte. L'amour, l'argent, l'intérêt, tout cela c'est des bêtises. Aucun homme ne se sacrifierait pour un béguin, ou pour une fortune. Quoi qu'on dise des hommes, si stupides qu'ils soient dans leur grande majorité, les choses ne sont pas si simples. Il y a là une espèce de sorcellerie, et cela ne s'explique pas par l'amour, par la passion, mais par une folie impudente qui cherche à nous humilier par tous les moyens...

Il s'arrêta tout à coup, aussi brusquement qu'il avait commencé. C'est comme s'il s'était efforcé de se remémorer un détail précieux, de trouver le mot juste. Mavrodin l'attendit quelques instants, puis il reprit :

– Vous en arrivez à peu près à la même conclusion que moi; naturellement, avec une autre expérience, plus riche...

– Là, nous sommes tous d'accord, mon cher, répondit Hasnas d'une voix lente. Les femmes nous accusent volontiers de mauvaise foi, de solidarité masculine, mais la vérité est que sur ce point nous concevons tous les choses de la même façon...

– Un destin, sans aucun doute, reprit Mavrodin avec impatience, comme s'il avait eu peur de perdre le fil de son discours. Il y a là un destin, un destin parmi beaucoup d'autres, car il y en a d'innombrables... Très souvent j'essaie de me les représenter, surtout les destins obscurs, les destins sans gloire, qui décident, à notre insu, en notre absence, de toute une vie. Lorsque j'étais amoureux d'elle, je me demandais parfois si avant de la rencontrer je n'avais pas rêvé de quelque chose de dramatique, ou si, au cours de notre rencontre, je n'avais pas été frappé par quelque circonstance extraordinaire... Je me souviens parfaitement, par exemple, de ceci : lorsqu'elle s'est rhabillée pour partir, elle avait une voilette ample, noire, excitante, et sa fourrure était discrètement parfumée d'*Ambre antique*. Mais cela se passait quelques heures après que, sans le savoir, j'étais tombé amoureux. J'ai fait sa connaissance chez l'un de mes amis, un architecte riche et noceur. Un après-midi, par un jour gris d'hiver, alors que j'aurais pu faire n'importe quoi d'autre, à une heure où d'habitude je restais chez moi. On était un 8 janvier : je me souviens parfaitement de la date. Les visites du nouvel an commençaient à me raser énormément, j'en avais presque la nausée; fatigué, de mauvaise humeur, j'étais exaspéré à la seule idée d'aller chez cet ami. Mais j'avais promis : il m'était difficile de refuser. Je m'étais juré de ne pas rester plus d'une heure...

Ce printemps-là, lorsque j'étais amoureux d'elle et que j'étais à deux pas de la mort à cause d'elle, j'ai souvent essayé de me ressouvenir, heure par heure, de cette journée du 8 janvier. J'aurais voulu savoir quel costume j'avais mis le matin, quel livre j'avais pris dans ma bibliothèque, si j'avais lu ou non un journal, si j'avais reçu un autre coup de téléphone que celui d'Alexandre me rappelant ma promesse. Je me dis que, si j'avais regardé le journal autrement, peut-être aurais-je aperçu la réclame d'un film à succès, peut-être serais-je allé le voir avant de me rendre chez Alexandre.

Ileana ne serait pas restée si tard si je n'avais pas été là; peut-être serait-elle partie avant que j'arrive, et alors je ne l'aurais pas rencontrée; du moins, si je l'avais rencontrée une autre fois, cela n'aurait pas été la même chose, cela n'aurait pas été la magie de cette soirée du 8 janvier. Peut-être n'aurait-elle plus jamais été libre, ni moi non plus... Tellement de choses auraient pu arriver... Parfois, surtout lorsque je voyage en train, j'observe avec attention le visage de ma voisine de compartiment, et je me dis : si je m'étais trouvé tel jour, en tel endroit, dans telle ville, cette femme aurait été ma femme, ou peut-être, pourquoi pas, le grand amour de ma vie. Je me dis alors avec effroi : comment aurait été notre existence? Je ne pense absolument pas à son corps; il est assez facile de connaître un corps et de l'oublier. Mais je pense surtout à sa présence, à sa magie secrète. Un jour, cent jours avec cette créature plus ou moins belle, blonde, grande, peu importe, sous le même toit, jour après jour, nuit après nuit! Comment sa magie aurait-elle agi sur moi? Comment sa présence m'aurait-elle tourmenté?... Chacune des femmes que j'ai aimées m'a opprimé, étouffé, même sans le vouloir, chacune m'a effiloché comme un vieux tapis, dissous, consumé jusqu'à la décomposition totale. Aucun homme n'échappe à ce destin...

Mavrodin s'arrêta, presque haletant. Il alluma une cigarette et regarda quelques instants l'allumette lui brûler dans les doigts, jusque tout contre l'ongle. Puis il la jeta, distraitement et comme inconsciemment. Ses pensées galopaient.

— ... Je ne me souviens de rien de précis au sujet de cette journée. Sauf que c'est l'épouse d'Alexandre qui est venue à ma rencontre, me reprochant d'arriver tard. Lorsqu'on entendit mon nom du salon, quelques têtes se retournèrent vers la porte. J'avais publié, quelques semaines avant Noël, l'un de mes livres les plus lus : *La jeunesse de Magdalena.* Je n'aime pas, à dire vrai, que l'on parle avec trop d'insistance de ma littérature. Je suis encore jeune et j'ai d'autres orgueils que celui de l'artiste. A plus forte raison je n'aime pas qu'on m'admire. Ce sentiment, certes, est un sentiment réel et honnête; j'admire moi-même certains hommes, surtout des artistes et des écrivains. Mais s'il s'agit de moi je préférerais ne pas le savoir, ne pas le sentir...

J'entrai dans le salon, mal à l'aise. A coup sûr on va parler de mon livre. La maîtresse de maison va se croire obligée de mettre la conversation sur la littérature, de parler des nouveautés de librairie, puis de mon livre. Je n'arrêtais pas de recevoir des lettres, on me téléphonait pour me féliciter; évidemment, Magdalena était l'héroïne du jour. Cela me faisait plaisir, certes, mais de loin. Au milieu des lecteurs, et surtout des lectrices, je me sentais embarrassé. Tous ces gens croient que maintenant, parce qu'ils ont lu mon livre, ils savent différentes choses sur moi; ils sont sûrs que certaines des choses que j'ai écrites sont arrivées réellement. Et ils veulent, en me voyant, vérifier leurs impressions, me jauger, me juger...

J'entrais en cet état d'esprit dans le salon, et je me préparais à sortir mon porte-cigarettes de ma poche, pour faire quelque chose de précis, pour coordonner mes gestes autour d'un détail concret... La pièce était longue, non très haute, avec un grand piano noir, ouvert, orienté vers la fenêtre. La nuit était presque tombée, mais, par un caprice de la maîtresse de maison, seule brûlait une veilleuse dans un coin. Au fond de la pièce trônait encore le sapin de Noël, avec ses bougies allumées. Je garde à l'esprit cette image très précise, très claire. Et au centre de tous ces fragments, de tous ces profils, lumières, gestes, visages, voix, etc., je vois tout à coup se détachant la main d'Ileana, pâle, avec de très longs doigts, presque transparents. J'aperçus sa main avant même de bien distinguer son visage et ses yeux. Le bras entier, probablement, reposait jusqu'alors sur le piano et, à mon arrivée, elle l'avait relevé, paresseusement. Ces doigts me parurent inhabituellement animés, comme s'ils avaient été la seule chose vivante parmi tous ces fragments de vie entassés dans le salon. Un détail encore m'obséda longtemps par la suite : cette main tout entière paraissait nue, ces doigts pâles et nerveux étaient comme faits précisément pour porter un anneau; or cet anneau leur manquait. Une main pure, non fiancée, une main monacale...

Je ne la regardai pas immédiatement. Il y avait quelques demoiselles qui tenaient à tout prix à me poser je ne sais quelle question. Un instant plus tard, j'avais presque oublié la main mollement retombée du piano. Lorsqu'on me présenta à elle, rien ne me frappa, je n'eus aucun frisson. Elle ne me parut pas très belle; peut-être parce qu'elle n'était presque pas fardée du tout, et puis la pièce était mal éclairée. Je me souviens – et je le lui ai dit de nombreuses fois par la suite – que je fus impressionné par la fatigue très légère de ses yeux. Ce n'était pas la fatigue d'une journée, ni l'abattement consécutif à une longue maladie ou à des excès quelconques, mais cette fatigue presque ironique qu'imprime avec le temps l'intelligence féminine. Elle ne me parut pas très belle, mais m'avançant légèrement vers sa gauche, pour m'incliner devant une dame âgée, je réalisai subitement que je ne l'avais pas bien vue, que je ne l'avais pas regardée avec assez d'attention, et c'est à peine si je pus me retenir de retourner vers elle pour l'examiner plus soigneusement. Je le fis cependant quelques instants plus tard, et je pus le faire sans être vu. Elle conversait avec une amie, le regard baissé. Je vis qu'elle avait le front haut et les tempes légèrement arquées, mais la coloration de ses cheveux, d'un châtain pâle, lui donnait un air plus sévère. Alors je compris pourquoi je m'étais retourné : ces yeux très grands et indistincts, cette bouche vaste, envahissante. On aurait dit que tout son visage était sillonné par la source de ses regards et le carmin de sa bouche.

J'entendis son prénom prononcé par une amie : Ileana. Elle s'appelait Ileana, et pourtant elle s'habillait comme une Maria ou une Lucia. Un corsage noir et blanc, au col blanc, aux manches serrées. De nouveau mon regard rencontra sa main. Sans doute n'aime-t-elle pas, et n'est-elle pas aimée, me dis-je. Il est impossible qu'un homme ne voie pas, quel qu'il fût, qu'il n'y a qu'un anneau capable de parachever des doigts comme ceux-là... La main non plus n'était pas d'une femme prénommée Ileana. Et pourtant j'avais bien entendu, tel était bien son nom. Je la vis se lever et se diriger vers une pièce voisine. Non très grande, mais très mince, les hanches lisses, la jambe longue, nerveuse. Je ne la suivis pas des yeux pour la mesurer; je ne me comporte jamais ainsi, je regarde au contraire une femme toujours avec beaucoup de bonne volonté, attendant de voir ce qu'elle veut ou ce qu'elle a à me montrer. Nous n'y sommes pour rien si la plupart des femmes nous montrent avec insistance ce qui est obscène, ou inerte ou caduc dans leur corps. Une femme qui souligne ses contours obscènes, on ne peut la regarder que d'un œil obscène. L'objet indique lui-même, la plupart du temps, comment il doit être regardé et jugé. Un homme qui regarde avec avidité le corps d'une cocotte ne peut pas être accusé d'indiscrétion. La femme nous invite toujours à la regarder comme elle veut qu'on la voie...

J'eus alors une autre impression : que cette femme ne pouvait être seule. Quelque part, non loin, dans ce pays, à l'étranger, devait exister un mari, un homme. Je ne sais pourquoi, mais elle me paraissait faite pour être la compagne de quelqu'un. Étrange...

Il s'arrêta encore une fois. Il souriait. Puis il se retourna brusquement vers l'autre.

– Bien sûr, je n'ai pas noté tout cela dans mon livre. Devant la feuille blanche on réussit rarement à rester dans la réalité, à être sincère...

Chose curieuse, donc, cette fille était faite pour être une compagne, pour être mariée... Je ne savais quel âge lui donner; en tout cas, elle n'était plus très jeune; elle pouvait avoir trente ans, ou même quelques années de plus...

Je l'avais assez regardée, peut-être trop, et cela me contraria. Je ne voulais nullement paraître à la recherche d'une nouvelle intrigue. Du reste, je n'ai jamais été tenté par les succès faciles, je n'ai jamais été un affamé prêt à accepter n'importe quoi. J'aurais été ennuyé que quelqu'un surprît mes regards : le jeune romancier suivant d'un œil avide une inconnue... Pénible. Tout geste de galanterie de ma part, du reste, dans cette soirée, eût été grossier. Tel que j'étais venu dans cette maison, comme le héros du jour, aussitôt après la parution d'un livre, il allait de soi que presque rien ne m'aurait été refusé; surtout venant d'une femme inconnue. On aurait dit que toutes les personnes présentes me devaient quelque chose, que d'un commun accord elles avaient décidé que personne ne me contrarierait, pas même du regard, tout comme on ne contrarie pas des ministres ou des supérieurs invités dans un foyer – et il aurait été extrêmement vulgaire que je profitasse de la situation... A ce propos il faut que j'ajoute un détail; ce sont là des choses que personne ne dit, mais pour moi la condition d'écrivain a des côtés réellement pénibles. J'ignore comment cela se passe dans d'autres pays, mais chez nous les gens n'ont pas encore appris comment on doit parler et comment on doit se conduire avec un écrivain. On le confond toujours avec l'auteur de ses livres, on le tourmente par des flatteries ou en lui rappelant sans cesse qu'il a écrit tel roman, qu'il a créé tel caractère de femme ou formulé tel aphorisme. J'en ai littéralement le frisson; c'est comme si, en présence d'un chirurgien, on se croyait obligé de parler exclusivement d'opérations et de lui rappeler sans cesse qu'il a sauvé de la mort telle demoiselle. Ou comme si on invitait à sa table un ténor pour lui parler d'opéra pendant tout le repas, qu'au dessert on lui demandât de chanter ses airs favoris, en lui sifflotant d'abord la mélodie...

Je passai dans une autre pièce pour pouvoir prendre part à une discussion qui avait commencé longtemps avant mon arrivée. Je m'en souviens, c'était un commandant en civil qui parlait des championnats de ski. Lorsque j'entrai, un jeune homme se serra contre le mur pour me faire place. Cela m'indisposa et je tournai la tête, cherchant désespérément une figure moins crispée. Il n'y avait là que des gens comme il faut, discutant de sports d'hiver; le seul avec lequel je pusse m'entendre était ce jeune homme coincé contre le mur; or il était paralysé de peur parce que l'auteur des livres qu'il avait lus, et probablement qui lui avaient plu, se trouvait, par miracle, auprès de lui, une cigarette à la bouche, la cravate bien nouée, fraîchement rasé, prêt à deviser sans façon. Je tentai d'engager la conversation avec lui. Il contrôlait ses réponses, de tout son être tendu : pourvu que le grand écrivain n'aie pas de lui une mauvaise impression. A tout prix il lui fallait placer au moins une remarque intelligente, il fallait que le maître se convainque qu'il n'avait pas devant lui un lecteur ordinaire...

La vérité était que mon jeune ami était un excellent lecteur. Mais ses 19 ans le paralysaient. Peut-être qu'à un autre moment je l'eusse aidé à retrouver ses esprits. J'aime parfois ces extases, car je les ai connues moi aussi autrefois, et elles me permettent de mesurer la distance qui me sépare de mon innocence, de ma prime jeunesse. Mais ce jour-là je n'en avais pas la patience. Un autre jour j'aurais volontiers bavardé avec cette inconnue qui se tenait en face de moi quelques instants auparavant et qui venait de se lever avec la souplesse de l'écureuil, en un arc parfait. Mais ce soir-là je n'aspirais qu'à me trouver quelque part sur un coin de canapé, assis à côté de quelqu'un, d'un ami. En fait d'amis, il n'y avait là que quelques connaissances, hôtes quelque peu éméchés, qui s'attardaient dans la salle à manger; quelques demoiselles qui me regardaient du seuil de la pièce, tout en feignant de ne pas m'accorder trop d'attention. L'architecte n'arrêtait pas de chercher des disques. C'était le maître de maison accompli. Parce qu'il frisait la quarantaine et commençait à perdre ses cheveux, il faisait des efforts pour paraître spirituel, peu sérieux, danseur infatigable, galant homme. Il dansait avec toutes les filles et encourageait les quelques étudiants présents – des camarades de ses sœurs – à le tutoyer. C'est pourtant un brave garçon, un architecte de grand talent, très intelligent. Mais apparemment personne n'échappe à la terreur de l'approche de la vieillesse, même les meilleurs d'entre nous. Je soupçonne que cela explique bien des choses...

Il s'arrêta de nouveau pour allumer une cigarette, sans se presser. L'autre était toujours étendu sur sa chaise longue, se caressant le genou; on aurait dit qu'il n'écoutait pas. Et pourtant Mavrodin ressentait de plus en plus l'oppression de cette présence, il se sentait dominé, et c'est comme si quelqu'un, dans l'ombre, près de lui, l'avait encouragé à continuer à dire ce qu'il avait à dire, sans rien omettre.

– ... Naturellement, dans mon livre les choses ne sont pas racontées telles quelles. J'y ai imaginé une rencontre plus romantique. La scène se passe toujours un 8 janvier – je ne pouvais en aucune manière changer la date –, mais à Predeal, dans une villa, chez des amis communs. Soit dit en passant, ce faisant je ne m'éloignais pas tellement de la vérité. Nous avons séjourné effectivement par la suite plusieurs fois à Predeal, car elle est bonne skieuse, ayant appris ce sport en Allemagne, lorsqu'elle y travaillait... Je découvris tout cela quelques heures après, lorsque nous étions déjà presque amis. Elle avait quitté la Roumanie environ quatre années plus tôt, comme fonctionnaire de notre légation de Berlin. Je sais maintenant qu'elle avait elle-même demandé, avec insistance, à y être envoyée. Mais cela, je l'ai découvert plus tard... Les circonstances mêmes de la rencontre à Predeal, telles que je les ai racontées dans le livre, maintenant me paraissent réelles. Ayant passé avec elle l'hiver à la montagne, il ne m'est pas difficile de l'imaginer se tournant vers moi, comme dans le roman, et me disant simplement :

– Permettez-moi de vous faire observer que vos skis sont mal fixés.

En fait, les premiers mots qu'elle m'a jamais adressés, elle me les a dits dans la salle à manger de mon ami architecte. Elle me dit alors quelque chose d'assez insipide, du genre : « Vivement que ces fêtes du nouvel an soient terminées... » Mais une chose tout particulièrement me frappa, c'est qu'ayant prononcé ces quelques paroles banales, elle ait jeté un regard par la fenêtre, vers la rue enneigée, sur laquelle le réverbère d'en face répandait une lumière verte de lampe à huile, et ce geste avait tant de mélancolie qu'il me sembla qu'il eût été vraiment vulgaire de lui en demander plus. Je fis mine de ne pas avoir observé ce regard triste et las, presque larmoyant. Plus tard, comme je le compris, ce regard, comme son brasier inextinguible me tortura lorsque je connus sa raison d'être : autres fêtes hivernales sur leur déclin, autre Noël enfoui quelque part dans la brume des années amassées derrière nous, derrière elle, demeurée tout aussi seule, tout aussi éloignée du rivage dont elle avait rêvé tant d'années... Mais peut-être n'est-il pas bien que je mélange ces événements. Nous aurons l'occasion d'en reparler...

J'espérais qu'elle me questionnerait sur mes livres, surtout *La Jeunesse de Magdalena*, dont le nom était sur toutes les lèvres. Avec elle j'aurais aimé m'entretenir de mon œuvre. Non parce qu'elle était une femme, et parce que peut-être elle me plaisait déjà, mais je la soupçonnais vive, de la tête aux pieds; vive, intelligente, mélancolique...

D'habitude, je n'aime pas les gens tristes; à plus forte raison les femmes tristes. La plupart d'entre nous souffrons de tristesses humiliantes, d'ordre biologique ou psychologique. Nous sommes tristes parce que nous avons raté une affaire, parce que notre foie ne fonctionne pas ou parce que nous avons perdu une nuit à faire la noce ou dans une bibliothèque. Avec les femmes c'est plus pénible encore. Il y a quelque chose de médiocre dans la plupart des tristesses féminines... Mais elle, Ileana, elle avait ce soir-là une tristesse d'une discrétion troublante. Si nous ne nous étions rencontrés que ce jour-là, ou plutôt si je ne la connaissais pas comme je la connais maintenant, l'idée ne me viendrait même pas de dire que son regard lourd de mélancolie s'était enfui littéralement par la fenêtre, car quelques minutes après son visage était illuminé d'intelligence et même d'ironie. Elle n'avait rien lu de moi, pas même *La Jeunesse de Magdalena*, et elle avait déjà compris que cette circonstance m'irritait; elle en profitait même déjà pour me taquiner. Plus tard elle trouva dans mes livres, dans mon art, un très discret et très habile rival. Nous restions alors de longs moments l'un près de l'autre, presque collés l'un contre l'autre, écoutant nos corps; elle mettait sa main sur mon front et je devinais dans ses caresses quelque chose de plus qu'un simple effleurement des doigts : des questions non formulées, des tentatives de pénétrer dans une région de moi qu'aucune passion, aucune extase ne lui entrouvraient.

– A quoi penses-tu?, me demandait-elle parfois, souriant ironiquement, car elle savait très bien que jamais je ne pourrais répondre sincèrement.

– Que caches-tu là?, me demandait-elle encore, prenant ma tempe dans sa petite paume pâle.

Je ne crois pas que ce fussent les petits secrets frivoles qui l'indignaient, un regard que j'aurais jeté sur quelque belle femme; non, ce qui la torturait, c'étaient les souterrains dans lesquels se réfugiait mon moi, où je vivais parfaitement seul, c'était cette solitude qui nourrissait mes absences, mes livres...

Donc, elle n'avait rien lu alors de tout ce que j'avais publié. Je ne me souviens plus exactement de ce que nous nous sommes dit. Il faisait de plus en plus chaud dans la pièce, on avait allumé les lampes, on nous invita à boire le champagne à côté, – et je me souviens de nouveau que tout à coup je ressentis un désir violent, un désir fou de danser avec cette femme. Elle n'était plus près de moi. Nous avions passablement bavardé ensemble, tellement que l'hôtesse avait attiré plusieurs fois mon attention, pour plaisanter. Mais jusqu'à cet instant c'était sans importance : un flirt; quelques heures de chaude et agréable conversation; dans le meilleur des cas, une nouvelle liaison...

Elle n'était plus à mon côté, et je sentais m'envahir lentement cette envie empoisonnée de l'avoir contre moi, dans une danse. Je la cherchai des yeux à travers les pièces voisines. Elle était partie boire une limonade. Je l'aperçois, appuyée contre le buffet, les yeux baissés. Elle sentit sans doute mes yeux braqués sur elle. Elle se frotta le front, puis redressa la tête lentement, en souriant — on aurait dit qu'elle savait que j'étais là, sur le seuil de la porte, avec mes yeux perçants. J'esquissai un geste, probablement grotesque, d'invitation à danser. Elle me fit signe qu'elle était fatiguée. Je m'approchai. Elle me regarda venir, et sa figure tout à coup devint grave, concentrée, comme si un secret venait de se détacher de mes gestes, un secret qu'elle comprenait et qui la terrifiait. Quand je fus tout à fait près, elle s'appuya plus fermement contre le buffet, dans un mouvement éperdu d'affolement. Je ne comprenais pas ce qui m'arrivait : « C'est le champagne », me disais-je pour me tranquilliser. Mais je me souviens clairement que, comme j'insistais pour qu'elle danse avec moi, elle leva son bras pour poser son verre de limonade sur un meuble, et alors je *le* vis de nouveau et sa pâleur, sa perfection m'effrayèrent. Je sentais dans ses regards qu'elle n'avait pas refusé sans qu'il lui en coutât beaucoup, qu'elle aussi avait lutté, qu'elle aussi avait eu peur pour elle. A l'instant où, lui prenant la main je m'apprêtais à l'enlacer, la musique cessa. Je demeurai un moment sa main serrée dans la mienne, en l'air.

II

... C'est le lot quasiment de tous les mâles qu'il ne reste plus dans leur mémoire la moindre empreinte de la magie de l'amour physique. Je crois que les femmes oublient plus difficilement; leur corps garde longtemps la présence de l'homme qu'elles ont aimé ou connu autrefois. Mais il se produit dans la vie de chacun d'entre nous un miracle de quelques secondes : la rencontre d'un regard, un baiser, un attouchement, qui ne ressemble à rien de tout ce que nous avons connu jusque-là. C'est comme si commençait quelque part un nouveau fil, un éveil à quelque chose d'autre : initiation mystérieuse et cependant naturelle à un univers jamais connu. Je ne sais pas très bien comment expliquer tout cela, mais je crois que tout homme sent, à cet instant, que quelque chose de nouveau se produit en lui, quelque chose de majestueux et d'étrange, qui n'est absolument ni amour, ni émotion, ni trépidation charnelle. Tant de femmes qui nous étonnent par leur volupté sans fin n'ont jamais su nous révéler de tels instants de doux délire...

Je sens que je m'égare, je me rends compte que j'exprime mal une quantité de choses que je vois et que je connais pourtant avec exactitude; mais j'aime parler au hasard. Cela me stimule et me repose. Dans mon livre j'ai essayé plusieurs fois d'expliciter ces moments miraculeux, et surtout le moment de la première rencontre de nos corps, sa paume serrée dans la mienne et suspendue en l'air, ivre. Je ne crois pas avoir réussi. Je suis encore un écrivain trop confus pour être capable de décrire ces états préliminaires, si difficiles à rendre. Il va de soi qu'il n'était nullement question d'amour à cet instant. C'était plus qu'un enchantement : une commotion, par laquelle m'était brusquement révélé un autre corps, une autre présence. Comme ces mots usés, fatigués, ces mots vieux sont pauvres... L'amour, lui, est venu plus tard, l'amour n'a guère commencé qu'après que cet ensorcellement eut réussi à nous isoler et à nous fondre l'un dans l'autre. Car, naturellement, l'union de nos corps s'est scellée en cet instant suspendu, lorsque je la recueillis tout entière en lui prenant seulement sa paume dans la mienne. Cette main pâle, nerveuse, si étrange dans sa nudité, qui m'avait fasciné dès mon premier pas dans le salon, me communiquait maintenant je ne sais quelle chaleur féminine, quelle fébrilité ébahie, dont je sentais tout mon corps lentement envahi. J'aurais voulu, peut-être, m'arracher à cette béatitude indiscrète, car je ne cessais pas un instant d'avoir conscience d'être entouré d'étrangers, dont les yeux sans doute me jaugeaient avec étonnement ou ironie – mais il était au-dessus de mes forces d'abandonner la main d'Ileana. Je ne la serrais même pas : je la gardais, tout simplement, blottie dans la mienne...

Je crois que c'est elle qui réussit à se ressaisir la première. Nous étions probablement observés par beaucoup de personnes présentes, certaines commençant même à se moquer de nous. J'étais devenu tout à coup le conquérant auquel rien ne résiste. Je compris cela plus tard, lorsque je vis que notre amour et notre liaison n'étonnaient presque personne. Mais ces choses, naturellement, n'ont aucune importance... Elle serra doucement mes doigts et appuya sur mon bras pour le faire descendre. Une seconde, quelques minutes : je ne sais combien de temps cela avait duré. Jamais je ne le sus, jamais je ne le lui demandai à elle, je crois du reste qu'elle non plus ne savait pas. Nous nous retrouvâmes tous deux collés contre le buffet, écrasés par les invités se pressant vers la porte. De nouveau un intervalle obscur, dont je n'ai gardé en mémoire que des éléments troubles. Et malgré tout je suis sûr que mon intelligence entière, mon orgueil, se sont efforcés de me retenir, de me garder, de me freiner à tout prix. J'en suis sûr... Mais je ne me souviens de rien. Une fièvre me poussait; un mystère venu d'ailleurs avait pénétré en moi, car il n'y avait ni désir ni volupté dans cette pression d'une main...

Je me souviens qu'alors nous échouâmes, sans nous en rendre compte, poussés sans doute par la cohue des invités, dans la pièce voisine où étaient le piano et le sapin de Noël. Nous souriions béatement, de nous sentir encore ensemble, près l'un de l'autre. Ce n'est que lorsque nous fûmes assis de nouveau face à face que je vis que ses grands yeux indistincts étaient humides, profonds, agités par moments d'une lueur chaude, féminine. Je ne les avais pas encore vus ainsi. Je ne cessais de les voir autrement, à chaque instant. Sans doute parce que je ne savais pas encore les regarder. C'est ce qui me paraît le plus difficile à apprendre d'une personne aimée : ses yeux. Nos regards parfois frappent ce miroir si maladroitement qu'ils le troublent et l'embuent; ou, plus grave encore, ils le ternissent, ils lui donnent un éclat de faïence, d'émail coloré. Il y a aussi des regards cruels, qui arrachent la rétine, ou qui la transpercent sauvagement et l'ensanglantent ou qui l'éteignent... Je ne sais comment faire pour vous expliquer des choses qui me paraissent maintenant d'une importance tragique et solennelle, et qui au moment où on les vit nous semblent la plupart du temps naïves ou insignifiantes. Je suis littéralement obsédé par cette réflexion : si j'avais su regarder ses yeux ma vie aurait pris un autre cours... La fameuse anecdote au sujet du nez de Cléopâtre est quelque peu brutale; il est plus dramatique de se dire qu'il est en notre pouvoir, en notre sort, de voir ou de ne pas voir, de sentir ou d'ignorer telle chose, telle présence, telle chair...

– Je vous dis tout cela, et j'y insiste, parce que l'amour et tout ce qu'il comporte – souffrance, sacrifice, procréation – me paraît être encore la chose la moins comprise et la moins connue. Par quel miracle un simple hasard s'est-il transformé en extase et en ravissement, une rencontre en amour? Cette question m'obsède. Tout comme m'obsède cette autre question : comment est-il possible de quitter cet état de grâce divine et de se retrouver dans la lumière égale du jour?... Les yeux d'Ileana ne me laissaient plus m'égarer, ils n'encourageaient pas mes extases. Au contraire, dans leur éclat mouillé j'aperçus – un bref instant, il est vrai – une lueur d'ironie.

– Vous ne pensez pas que vous me regardez trop intensément?, me demanda-t-elle tout bas.

Mais ce sourire n'arrivait pas à paraître détendu, il n'arrivait pas à rompre l'ensorcellement dont elle était prisonnière elle aussi depuis longtemps.

Nous nous mîmes à parler, évidemment. Mais j'éprouvais le désir irrésistible de lui saisir encore la main. Je ne sais pourquoi on ne dansait plus; peut-être parce que tout le monde attendait une autre coupe de champagne. Je me souviens que je cherchais un prétexte pour tenir sa main dans les miennes, mais je n'arrivais pas à réfléchir...

Tout à coup j'entendis de nouveau la musique. Nous nous levâmes tous deux brusquement, au même moment, les yeux dans les yeux. Je l'enlaçai presque machinalement, car il me semblait au-dessus de mes forces d'imaginer la répétition de cet extraordinaire effleurement de nos corps. Mais en la sentant glisser simplement et totalement dans mes bras, je devinai avec quelle intensité nous avions communié dans l'attente de cet instant, à quel point nous nous étions identifiés l'un à l'autre dans cette attente...

Il y a des états d'âme qui perdent pour ainsi dire toute durée. On ne sait pas – on ne se souvient pas – quand ils ont commencé, ce qui les a déclenchés, comment ils se transforment.

Et pourtant de cette béatitude confuse se détache parfois un mot, un cri, une mélodie, à tout le moins une note de musique qui nous reste en mémoire sans que nous nous étonnions de sa précarité ou insignifiance. De ce début de danse je n'ai retenu qu'une chose : le mot « couple ». Je ne sais si ce mot ou cette pensée m'obsédait, je ne sais rien de précis, sauf que *ça,* ce qui m'était arrivé brusquement, par un simple enlacement, c'était « le » couple.

Mavrodin s'arrêta, fatigué, comme s'il était arrivé, inopinément, à la limite de ses forces. Il garda longtemps les yeux levés au ciel, sans regarder, presque sans respirer – on aurait dit qu'il écoutait quelque chose, qu'il attendait que quelque chose arrivât. La température avait commencé à baisser et l'autre ramassa son manteau sur ses épaules. Mais Mavrodin n'osa lui demander s'il avait froid. Il l'attendait, caressant doucement de la paume l'angle de la chaise...

– Je crois que ce moment fut la découverte la plus totale de tout notre amour, reprit Mavrodin, solennel. Tout ce qui suivit ne fut qu'une tentative de retrouver cet ensorcellement sans commencement, intemporel... Je suis un danseur médiocre, et la plupart du temps je parle en dansant, pour compenser par mon esprit mes inefficiences rythmiques. Je suis persuadé qu'une femme peut goûter une danse avec un partenaire imparfait, si ce n'est pas tout à fait un imbécile. Les gaucheries, comme la timidité, ont un charme discret par les surprises qu'elles provoquent, par la panique naïve qu'elles inspirent, et les femmes aiment parfois ces imperfections; en tout cas je n'ai jamais souffert de la médiocrité de ma danse...

Un parfum inconnu me passa sous les narines lorsqu'elle approcha sa tête de mon épaule. Ce n'était pas un parfum féminin, je dirais même qu'il n'était pas humain... Il vous transportait dans d'autres sortes de souvenirs, on l'imaginait plutôt flottant sur une broderie chargée d'or, distillé par une grande lampe orientale; un parfum avec très peu d'huile et beaucoup de racines. Un parfum dans lequel ni l'alcool ni l'huile ne trahissaient leur présence, un parfum pur, absolument pur. Combien de fois ai-je essayé plus tard, quand je l'eus connue, de déterminer la nuance du parfum de ses cheveux! Jamais, me semblait-il, il ne retrouva cette pureté presque ascétique du premier soir. Car depuis lors mes narines, mes sens, ma mémoire, avaient lié ce parfum si âpre, si austère, à sa chair que maintenant je connaissais, à ses lèvres, que j'avais rencontrées...

Je lui pris la taille, étonné de la trouver si mince, inhabituellement mince, et je sentis près de moi, tout entière, sa « forme ». Je ne trouve pas d'autre mot que celui de *forme*. Pardonnez-moi ce mot en apparence impropre, vulgaire peut-être, mais je ne sentais ni la chair, ni la chaleur, ni même la présence de son corps. Je la devinais seulement, totalement et intégralement femme, sans rien sentir d'autre, sans avoir la sensation de lui toucher la hanche, par exemple, ou d'effleurer légèrement son sein. Aucune de ces sensations partielles, découpées, de la danse. Aucune discontinuité dans cette forme sans défaut, aucun obstacle...

On pourrait peut-être penser que tout cela prend forme dans le souvenir, déchiffré d'un œil clair, de loin et pourtant de très près, comme il arrive toujours quand on se remémore par un effort prolongé un événement ou une image depuis longtemps enfouie en nous. Mais non, je suis incapable maintenant d'exprimer dans toute sa plénitude la présence d'Ileana dans cette danse. Tout ce que je retrouve, ce sont seulement des éléments épars que j'ai gardés gravés et qui, je ne sais pourquoi, ne se sont pas effilés, décomposés... Je lui regardais les yeux, rien de plus. Nous dansions agréablement. Je vous dis cela pour que vous n'alliez pas imaginer une danse exceptionnelle, telle que les autres participants se seraient écartés pour nous laisser tournoyer seuls au milieu de la pièce. Quelques personnes, certes, observèrent notre calme égarement; mais les autres s'entassaient, dansaient, parlaient. Nous, nous ne disions rien. Cela n'aurait même pas été nécessaire. J'aperçus plusieurs fois son visage à la lumière de l'ampoule. C'était un tout autre visage. La concentration avait pour ainsi dire purifié ses traits, les avait allongés, et une tristesse frémissante lui couvrait le front d'une rosée. Elle me regardait, j'en suis sûr; je suis sûr que son regard me traversait, attiré par je ne sais quelle cible invisible. Et il y avait sans aucun doute une grande frayeur dans son calme extatique. Elle ne tremblait pas, saisie dans mes bras, mais je sentais tout son être tendu... Plus tard, dans les heures qui suivirent, je compris combien elle avait eu peur, et je compris aussi combien elle s'était défendue contre moi. Elle soupçonna dès lors tout ce qui allait arriver, et résista de toutes ses forces au charme...

Ces jours derniers, ici même, je me suis ressouvenu avec une très grande précision de cette danse sans fin. J'ai revu le salon au mobilier rare, serré contre le mur – pour faire place à la danse. J'ai revu l'auvent de la maison d'en face, lourd d'une neige fraîche, bleuâtre sous la brise des lumières jaillissant des fenêtres... Ileana inclinait légèrement la tête, grisée peut-être par sa propre béatitude, par la douce fatigue de son corps. Lorsque la musique cessa et que je lui pris la main pour la conduire dans la pièce qui me paraissait la plus éloignée et la plus discrète, il me sembla que deux cernes violets approfondissaient encore plus ses yeux. C'est tout juste si j'osais la regarder, mais je gardais sa main dans la mienne.

– Je ne sais ce que j'ai, murmura-t-elle en s'appuyant au bras du canapé. Il y a longtemps que je n'avais pas dansé. J'en suis tout étourdie...

Elle chercha mes yeux. Souriant, étonnée, elle

voulait encore une fois y plonger les siens, attirer mon attention, m'avertir que quelque chose d'affreux, quelque chose qui la terrorisait et qu'elle fuyait, était près de nous submerger. C'est ce que je crus comprendre dans son regard interrogateur et las, qui paraissait implorer le silence, la solitude. Tant de fois je l'ai questionnée depuis, torturé par mon incurable maladie de savoir, d'identifier cette heure incomparable de l'engloutissement! Mais elle ne se souvenait plus de rien, sinon qu'elle me regardait alors à demi consciente, s'efforçant de retrouver ses esprits. Je sais qu'elle avait peur de l'amour, cette rencontre inattendue l'avait remplie de frayeur. Elle me l'avoua ouvertement le jour suivant.

– Pense bien à ce que tu fais, me dit-elle alors, penses-y bien...

Mais cette nuit-là, après qu'elle fut revenue à elle, de la béatitude de la danse, elle se mit à parler de choses absolument sans importance, comme si elle s'était efforcée de cacher comme elle pouvait le miracle auquel elle s'était arrachée. Elle me dit pourquoi elle était rentrée d'Allemagne quelques mois auparavant. (Pourquoi elle y était allée, je le soupçonnai plus tard, lorsqu'elle m'avoua le grand amour dont elle s'était guérie si difficilement.) Elle avait très peu d'amis à Bucarest. J'appris alors qu'elle était née dans une ville frontière; elle avait été élevée par les sœurs, et je compris pourquoi j'avais été frappé, au moment où je la vis pour la première fois, par son manque total de frivolité, pourquoi elle ne ressemblait à aucune des autres femmes de la capitale, si belles, mais tellement moins harmonieuses qu'elle. Elle parlait d'elle-même avec une certaine discrétion; et pourtant on sentait quelle réserve de confession elle enfermait dans son cœur. Certains prétendent qu'il y a des femmes, lorsqu'on les voit pour la première fois, dont on est certain, à un seul regard, d'un seul coup d'œil, qu'elles cachent un grand secret – un secret réel, non un petit secret d'Emma Bovary. On dit aussi qu'il y a des femmes dans l'âme desquelles on lit, en un instant; des femmes limpides, sereines comme le fond d'un ruisseau de montagne. Il est probable que tout cela est vrai. Mais moi je fus fasciné alors par le pressentiment qu'Ileana était de ces êtres que l'on peut *connaître*, dont aucun secret, si on les écoute, ne peut rester non déchiffré... Naturellement, pour une bonne part je ne me suis pas trompé. Cette femme n'eut pas de secrets pour moi, et durant tout notre amour elle souffrit d'autant plus que moi je gardais les miens. Tout ce qu'elle *savait*, elle me le dit... Mais combien peu de choses elle savait d'elle-même, à côté de ce qui était caché et gardé dans son corps, dans son cœur, dans son être tout entier...

Elle me questionna alors, plus sérieusement, au sujet de mes livres. Mais elle abandonna vite la conversation; on aurait dit qu'elle sentait que cette partie publique de moi-même m'éloignait trop d'elle. Elle me dit seulement qu'elle aimait les livres dans lesquels on parle d'enfance, d'internats, de mornes pensions, sans doute parce qu'elle s'y retrouvait, parce qu'elle y retrouvait sa triste enfance d'orpheline forcée de passer ses vacances dans une grande maison froide, sous le regard sec de sa grand-mère et de ses tantes. Même la grand-mère était austère dans cette maison...

Je me souviens que ce printemps-là, ayant appris de sa bouche plus d'un détail de son enfance, j'aurais aimé que nous passions ensemble les vacances de Pâques dans la ville où se déroulèrent ses jeunes années. Sa famille était dispersée depuis longtemps. Le peu de parents qui survivaient en d'humides villes de province, l'avaient oubliée. J'aurais aimé pourtant l'accompagner chaque matin jusqu'au parc voisin de sa maison paternelle, que nous restions tous deux sur un banc; j'aurais aimé la consoler de toute la chaleur dont j'étais capable, lui demander pardon de la tristesse de l'aube de sa vie, du désert froid où plongeaient tant de racines de sa mélancolie. Comme j'aurais été heureux de remplir par ma présence, par mes naïvetés, les après-midi effrayants de son adolescence, ces soirs de province tristes et longs, où mon Ileana restait des heures entières le front collé à la vitre... Je croyais que le passé n'est pas tout à fait perdu pour nous; qu'il n'est pas perdu du moins pour l'amour. J'espérais pouvoir pénétrer dans ces ténèbres, les réchauffer. Mais Ileana refusa avec entêtement de revoir les lieux de son enfance. Elle s'enquérait parfois d'un nom de famille de cette ville, souriait, les yeux un instant emportés dans le vide – rien de plus.

... Nous cessâmes de danser. Elle avait mal à la tête, me dit-elle. Elle parla presque tout le temps avec moi. Puis, vers une heure du matin, elle regarda brusquement sa montre et se leva pour prendre congé. Très peu d'invités étaient partis encore. Le maître de maison s'ingénia à la retenir par toute sorte de trucs, en cachant sa fourrure, en égarant ses snow-boots. Mais en fin de compte il fallut bien la laisser partir. On n'osa pas me retenir moi-même, bien qu'Ileana rougît brusquement lorsque je lui demandai la permission de l'accompagner. Nous filâmes discrètement, presque en catimini, et j'endossai mon pardessus en haut même de l'escalier – la bonne me l'ayant apporté en passant par la salle de bains...

Je l'avais laissée devant la glace. Quand je revins, c'est comme si j'avais retrouvé une autre femme, une femme inconnue qui était là, près de moi. Elle avait mis un long manteau de fourrure, un chapeau noir garni d'une voilette. Je restai interloqué, non que je ne reconnusse pas le style de l'élégance bucarestoise, mais parce que la voilette changeait du tout au tout son visage, le rendait plus jeune et en même temps plus féminin, plus séducteur. Je crois que je ne trouve pas le mot juste; en fait l'image était complexe : la jeune fille s'était changée en maîtresse. Les ombres des yeux et du visage découvraient une fragilité pleine de charme; on aurait dit qu'elles m'invitaient à la prendre sous mon aile, à la consoler, à l'embrasser... Je demeurai fasciné devant elle et probablement souris bêtement, car elle me prit brusquement le bras, sans me regarder. Nous descendîmes l'escalier en silence. J'ignorais ce qui allait arriver. J'ignorais même quel serait le premier mot que je prononcerais. Dehors le gel, cinglant nos joues, nous dégrisa. C'était une de ces nuits d'hiver bucarestoises incomparables, robustes, claires comme le verre. Devant la maison attendaient quelques chauffeurs endormis dans leurs voitures. Le bruit de la porte en fer les fit sursauter et ils se mirent à klaxonner. Je voulus faire quelques pas vers elle, me préparant à l'aider à monter – mais elle arrêta mon bras :

– Il vaut mieux que nous marchions un peu.

Avait-elle peur de moi, essayait-elle pour cette raison de me ramener à la réalité en se promenant avec moi dans le froid? Je l'ignore. Sa voix était troublée, comme amortie. Je la tenais près de moi, lui serrant bien fort le bras. Avec quelle précision je sentais son parfum dans l'air pur et glacé. Comme cela est curieux! Elle levait souvent les yeux, et sa bouche entière se dessinait, frémissant, palpitant sous l'effet de je ne sais quel attouchement invisible. On aurait dit qu'elle s'attendait à une étreinte brusque, extraordinaire. Comme je lui demandais où elle habitait elle me répondit dans un murmure :

– C'est par là que nous allons.

Mais elle était absente. Elle pensait à quelque chose de grave, d'une importance cruciale; je devinais presque physiquement combien elle était loin. Elle ne se demandait nullement si ce ne serait pas un grand manque de pudeur de se donner à moi dès ce soir-là, si certains préliminaires rituels devaient être respectés ou non. Ses pensées la portaient ailleurs. Je soupçonnais que si j'avais parlé elle m'aurait difficilement entendu. Je souffrais de son silence, de cette absence soudaine, et peut-être que cette légère humiliation de mon orgueil – que je sentis monter en moi subitement – se serait aggravée si le chemin avait été plus long. Je pense que même dans cet ultime intervalle de lucidité j'aurais pu fuir. Si, par exemple, tandis qu'elle marchait appuyée à mon bras, légère et sans rien dire, écoutant ses propres pas sur la neige glacée, je lui avais dit subitement un mot vulgaire, si j'avais essayé de l'embrasser, ou si j'avais allumé une cigarette d'un air détaché, comme si j'avais été seul? Ou si je m'étais mis à fredonner une romance à la mode, en lui demandant comme ça si elle lui plaisait? Le charme eût été rompu, sans aucun doute, et nous nous serions retrouvés comme deux étrangers, deux jeunes gens qui rentrent chez eux un soir, liés tout juste par le vague souvenir d'une soirée passée ensemble. Me réveillant brutalement dans ce que l'on appelle « réalité », j'aurais essayé de me défendre contre une nouvelle fascination éventuelle, en me demandant comment parvenir au plus vite et le plus sûrement dans son lit. Jusqu'alors j'étais habitué à me battre, vulgairement – comme tous les grands égoïstes – contre ce que j'appelais une « infection sentimentale ». Combien de fois peut-être ne m'étais-je pas trouvé à un pas de l'amour, combien de fois ma vie eût risqué de tourner tout autrement, si je ne m'étais pas ressaisi au dernier moment, et si je n'avais pas transformé la passion dévorante en une liaison banale! Mais peut-être que tout ce que je dis maintenant est absurde; peut-être que, même si je m'étais dégrisé alors, dans la rue, il aurait été déjà trop tard. Nous ne pouvions plus fuir. Je l'avais rencontrée : tout était noué dès cet instant...

Enfin Ileana remua. Lentement, comme quelqu'un qui s'étire paresseusement après un sommeil, elle se serra contre moi.

– Pardonnez-moi, murmura-t-elle, continuant de regarder d'un air vague par-dessus la neige.

Je ne sais pourquoi j'espérais qu'elle dirait encore quelque chose, qu'elle essaierait de s'expliquer. Mais elle se tut de nouveau. Nous avions atteint le boulevard Take Ionescu, et la lumière des ampoules me parut crispante : on aurait dit qu'elle se débattait sauvagement contre la blancheur de la neige. J'avais le sentiment d'arriver dans une zone nouvelle, où notre intimité devenait plus précise à cause des piétons, des voitures, des réclames bariolées. Toute cette vie extérieure à nous deux nous rapprochait plus encore, semble-t-il, l'un de l'autre. Le chemin que nous avions parcouru dans les rues faiblement éclairées prenait maintenant un sens secret, on aurait dit que nous revenions d'une promenade intime, où nous aurions pu nous embrasser à volonté, nous chuchotant des mots d'amour.

– Où habitez-vous?, osai-je lui demander.

Elle me nomma un immeuble récemment construit, boulevard Bratianu. Nous étions tout près.

Inconsciemment je pressai le pas. J'ignorais encore ce qui arriverait. Je ne savais pas si j'aurais seulement le courage de lui demander la permission de l'accompagner chez elle. Mais c'était une attente sans la moindre trépidation, sans la moindre émotion érotique. J'attendais qu'il se produisît quelque chose; et, bien que je sentisse combien j'étais concerné par cet événement, je n'avais plus la force d'intervenir en le précipitant ou en le repoussant.

Maintenant je la regardais de plus près. Je voyais nettement son visage. Le gel avait très légèrement coloré ses pommettes, et son large sourire réchauffait tous ses traits. Elle souriait avec une certaine tristesse; elle avait deviné probablement que j'accélérais le pas. Nous nous dîmes encore plusieurs choses sans importance : comment elle était rentrée à Bucarest, aux premiers jours de l'automne, comment elle avait trouvé ce petit appartement, comment elle mettait certaines amitiés à l'épreuve, évitant les autres. Je me mis à rire.

– Peut-être évitez-vous les amis hommes?, dis-je avec une ironie légère et vulgaire.

– Oui, c'est vrai, reconnut-elle, calmement. Je suis obligée de fuir la plupart d'entre eux...

Nous approchions de chez elle, et je ne savais toujours pas ce qui allait se passer. Je lui demandai pourtant si elle me permettait de lui rendre visite. Elle accepta avec simplicité.

– Si vous voulez, me dit-elle, venez prendre le thé demain.

– Je vous apporterai mon dernier livre, dis-je, comme si je m'étais hâté de préciser que je ne cachais aucune mauvaise pensée.

– Je vous en serai reconnaissante...

Nous arrivâmes. J'attendais avec terreur le moment où je verrais le concierge ouvrant la porte et nous invitant à prendre l'ascenseur. Mais la porte était ouverte. Je la poussai sans dire un mot, ému tout à coup.

– J'habite au troisième étage, me dit-elle.

– Si vous le permettez je vais vous accompagner, murmurai-je.

La lumière de l'ascenseur nous surprit tous deux. Je la regardai de nouveau, embarrassé. Elle avait les yeux pensifs, et elle s'efforçait en vain de sourire. Devant la porte, elle me tendit la main. Je la lui pris brusquement et la baisai. Ensuite, sans réaliser du tout ce que je faisais, je mis sa tête dans mes mains et lui baisai les lèvres. Je la sentis se pâmer, toute chaude, dans mes bras...

III

C'est à grand-peine que je revins à moi de cette étreinte que rien ne laissait prévoir : nul geste, nul consentement. Je sentais qu'elle s'était abandonnée totalement. Il aurait été si simple de pousser la porte, de la porter dans mes bras jusque dans sa chambre. Mais je la laissai échapper. Je cherchai ses yeux; il me sembla qu'ils étaient en larmes. Un instant je crus que, tout de même, sa pudeur résistait, mais elle me prit brusquement la main et me la serra, toute tremblante.

– Maintenant séparons-nous, murmura-t-elle.

Elle insista du regard, plus chaleureusement. Elle s'efforçait de sourire. Elle était pâle, transfigurée, terrorisée.

– Je vous attends demain, dit-elle, voyant que j'hésitais, figé sur le seuil de la porte.

Je tirai gauchement mon chapeau et partis, dévalant presque l'escalier. J'entendis vaguement la porte se refermer, et cela stimula mon pas. Je voulais me retrouver au plus tôt seul dans la rue, réaliser ce qui était arrivé.

Au début de toute nouvelle liaison je ressentais toujours ce besoin impétueux de me retrouver seul au plus vite, de reprendre mes esprits, de recouvrer ma lucidité. Je pense que tout homme éprouve ce sentiment en un moment pareil. Chacun de nous, s'affranchissant du charme de sa première rencontre avec une femme, reconquiert sa solitude par un geste brutal, soit en allumant une cigarette, soit en fredonnant un air, en se mettant à parler de n'importe quoi, ou purement et simplement en partant. Je connaissais cette soif de liberté et d'isolement qui s'empare de nous après une première rencontre. Mais cette nuit-là ma fuite était d'une autre nature. Je voulais être seul pour revivre plus complètement l'événement, pour sentir plus totalement la présence d'Ileana, pour méditer en toute quiétude des heures si prodigieuses...

De retour dans la rue je me dirigeai vers le boulevard. Je me rendis bientôt compte que je marchais assez vite, comme quelqu'un qui a hâte d'arriver en un lieu déjà connu de lui. Je ralentis le pas tout à coup. Mais je ne réussissais pas à me recueillir, à saisir une idée déterminée. J'avais seulement le sentiment, presque pathétique, que quelque chose de fondamental avait changé ma vie, que j'avais découvert quelque chose d'insoupçonné et d'inattendu. J'étais incapable de dessiner dans mon esprit l'image précise d'Ileana. Mais je ne pouvais me détacher de son parfum et pour ainsi dire de son aura. Mes pensées s'étaient figées. C'est peut-être pour cela que tout mon être me poussait à presser le pas, à marcher assez vite pour qu'aucun autre souvenir, aucune autre pensée ne pussent s'insinuer dans ma douce béatitude et la corrompre. J'aurais voulu chanter. Une mélodie inconnue, lumineuse...

J'errai ainsi environ une heure. Je n'avais pas du tout sommeil. Lorsque je fus chez moi, pourtant, je ressentis une grande fatigue. J'allumai une cigarette et essayai de lire quelque chose, pour m'obliger à penser. Je ne réussis pas à comprendre seulement une demi-page. Ma fatigue se transformait insensiblement en un début de panique. C'est comme si je m'en étais voulu de tout ce que j'avais fait. J'étais indigné de mon dernier geste, de ce baiser qui pouvait m'impliquer dieu sait dans quels événements non désirés. Et cette fuite stupide de collégien, sans regarder derrière moi. Cela avait été ma dernière résistance, comme si tout mon être avait cherché, en un effort suprême, à échapper à un charme.

Avant d'éteindre la lampe je jetai un coup d'œil à ma montre : trois heures moins le quart. Puis j'eus un scintillement de joie en revoyant mon bureau mitoyen, le fauteuil où je lisais étendu de tout mon long mes poètes favoris, la table sobre sur laquelle je me penchais des nuits entières, enfermé et comme emprisonné dans ma solitude. Toutes ces choses existaient donc encore, elles étaient réelles, elles étaient là, à ma disposition, prêtes à m'aider, à me protéger. Un seul geste de ma volonté, et tout aurait été comme au commencement, tout aurait pu redevenir comme au commencement... Bucarest est plein de belles femmes.

Il y en a tant qui ne nous demandent pas plus de deux heures par jour, qui ne nous ensorcellent pas, ne nous arrachent pas à nous-mêmes, ne nous engloutissent pas. Ma vie s'était écoulée jusque-là sans drames, sans secousses importantes. Des aventures, des voyages, des vacances avec des amis et des amies, des maîtresses aux passions éphémères, sans fiel... Une vie de labeur, des voluptés, et une grande liberté, une liberté de mâle. Tout cela, je pouvais le perdre, l'éloigner à jamais de moi, le briser en morceaux. J'avais connu plusieurs fois, ces dernières années, cette panique d'un amour décisif, d'un amour meurtrier. Mais aucune passion n'avait réussi à m'anéantir. Je me réveillais toujours à temps. J'eus un instant le sentiment, lorsque j'éteignis la lampe, que les choses n'étaient pas encore définitivement perdues. Il était encore temps...

Le lendemain je me réveillai tard, vers midi. Dehors il faisait une lumière blanche, aveuglante. Ma frayeur de la nuit me parut alors ridicule, insensée. Regarde, me disais-je, tout est comme avant : le soleil, le grand froid, les chambres bien chauffées, les livres à leur place... J'avais une envie folle de sortir, de rencontrer des gens, de partager avec quelqu'un cette joie simple et inattendue. Je prenais d'habitude mes repas de midi dans une pension voisine. Mais ce jour-là j'avais envie de déjeuner dans un restaurant pour voir les nappes blanches, éclatantes, pour sentir autour de moi des gens allant et venant, comme dans une gare. J'espérais naturellement rencontrer des amis. Je me dirigeai vers un restaurant du centre. Le froid était devenu plus intense, plus pur pour ainsi dire. Les rues étaient animées. Les stations des tramways étaient bondées d'écoliers. J'entrai au « Continental », m'assis à une table du fond. Il était encore tôt, seules quelques tables étaient occupées. Aucun ami, tout au plus quelques visages connus, que je saluai avec une chaleur inhabituelle. J'avais faim, et je choisis mes plats avec soin. En moins d'une heure le restaurant s'emplit jusqu'à la dernière place. J'allumai une cigarette avec une certaine tristesse. Le temps passait lentement...

Je partis vers trois heures et demie, ignorant ce que j'allais faire une fois dans la rue. Je débouchai dans la Calea Victoriei; elle me parut déserte et sale. Sans savoir pourquoi je pris nonchalamment la direction de la Poste et m'arrêtai devant un kiosque à journaux, où je feuilletai quelques magazines illustrés. On aurait dit l'un de ces jours tristes du milieu des fêtes de Noël, lorsque la ville entière sombre dans un silence navrant. A hauteur du Cercle militaire je m'engageai sur le boulevard allant vers le parc Cismigiu. Les toits enneigés commençaient à briller : le crépuscule approchait, et il m'oppressait de plus en plus. Je luttai contre la mélancolie environ une demi-heure, pour finir par m'abandonner à la tristesse vespérale de la grande ville. Je ne sortais presque jamais seul à ce moment de la journée; je passais souvent les après-midi d'hiver sur la Sosea, me promenant vaillamment avec un ami ou une amie; ces marches dans la neige, nos retours dans la ville avec les premières lumières de la nuit, je les faisais presque toujours en une compagnie bien choisie. Bucarest a les couchers de soleil les plus pernicieux, en toute saison; il est difficile à pareille heure de rester seul, de ne pas tomber amoureux, de ne pas se chercher une âme sœur dans une ville où le soleil s'éteint avec tant de mélancolie... Combien de fois par la suite Ileana et moi à l'approche de cet instant n'avons-nous pas mis le cap sur Cotroceni, combien de fois n'avons-nous pas descendu les vieux boulevards en mangeant des caroubes ou des châtaignes, serrés l'un contre l'autre!...

Je traversai le Cismigiu, et la gaîté animée des patineurs dissipa pour quelques instants ma mélancolie. Mais je ne pouvais rester là à regarder le spectacle, les mains dans les poches de mon manteau. Je pris une allée solitaire. Quelque part, confusément, devant moi, s'allumaient les réverbères. On aurait dit qu'une brume légère commençait à descendre, transparente, prisonnière des arbres comme une immense toile d'araignée. Je pressai le pas, comme si j'avais attendu de quelque part une permission, comme si j'avais espéré qu'on me fît un signe m'indiquant la décision à prendre; à vrai dire j'étais déjà résolu à aller chez Ileana, mais je ne sais ce qui faisait que je prenais du retard, me disant qu'il était encore trop tôt, qu'il faisait encore trop jour dehors.

Je m'arrêtai subitement. J'avais presque le cœur battant. L'horloge de la cathédrale Saint-Joseph égrenait l'heure. Je comptai soigneusement : cinq coups. On aurait dit que tout le silence et toute la mélancolie s'étaient dissipés en un instant. Je sortis rapidement du parc et montai dans un taxi...

Mavrodin avait prononcé les derniers mots d'une voix très faible. Il se leva brusquement de sa chaise longue et se dirigea vers sa chambre.

– Je commence à avoir froid, dit-il du seuil.

Hasnas fumait en silence, à demi assoupi. Il se contenta de lever la tête quand l'autre revint, un manteau jeté sur ses épaules...

– ... Elle m'ouvrit très vite. J'eus l'impression qu'elle m'attendait derrière sa porte. Elle portait une robe simple, une robe d'intérieur aux longues manches, avec un énorme col de velours. Elle me sourit et me tendit la main tout émue. Je la lui baisai très respectueusement, m'inclinant longuement. Aucun de nous n'avait prononcé le moindre mot. Je quittai lentement mon manteau et entrai. Une grande chambre, longue, dont la fenêtre donnait sur le boulevard. On voyait nettement les réclames lumineuses, on entendait le bruit sourd des tramways. J'allai rapidement à la fenêtre – comme je fais, du reste, dans toute pièce où j'entre pour la première fois –, et regardai dehors. Vue d'en haut la neige paraissait plus sale, les lumières des maisons se confondant avec la lueur des phares des automobiles. Puis je revins et examinai plus soigneusement la pièce. Une bibliothèque noire, remplie de livres, la plupart allemands. Quelques tapis de prix, un divan très sobre, dans un bois couleur de cerise. Sur les murs, plusieurs gravures et dessins. Je fus très impressionné par la pureté presque dénuée de féminité de la pièce. Je voulais lui dire : « Comme c'est beau ici... », lorsque je l'entendis qui me grondait pour rire :

– Je suis sûre que vous avez oublié de m'apporter votre livre!

Il me sembla qu'elle me rappelait une promesse faite longtemps avant, noyée dans d'autres événements et sentiments. Je lui demandai pardon. A travers des hésitations notre conversation commençait à prendre consistance. On aurait dit que nous craignions l'un et l'autre de glisser dans un sujet qui nous aurait rappelé notre étreinte du soir précédent. Tandis qu'elle préparait le thé, nous réussîmes d'une façon naturelle à ne pas nous regarder dans les yeux. Du reste il n'y avait dans la pièce qu'une faible lampe et dans la pénombre nos regards se rencontraient parfois sans s'interpénétrer. Après avoir posé ma tasse et mon assiette de biscuits sur un tabouret, près de ma chaise, elle s'approcha de la porte, alluma une lampe plus puissante, de plafond, et se fit une place sur le divan, assez loin de moi.

C'est seulement alors que je vis combien elle était fatiguée. Sans doute n'avait-elle pas dormi une bonne partie de la nuit. Les cernes de ses yeux s'étaient approfondis et son visage était d'une pâleur impressionnante. Et pourtant je ne sais pourquoi elle me paraissait si désirable, si chaude, cette fatigue de ses traits, qui contrastait avec la précision nerveuse de ses gestes, avec ces mouvements saccadés naturels après une longue insomnie.

– Je vous remercie, dit-elle tout à coup, regardant ses mains. Je vous remercie d'avoir eu la gentillesse d'écouter ma prière hier soir.

Je l'examinais probablement avec une certaine inquiétude, et mes joues sans doute se couvrirent de rouge, car levant les yeux et me voyant assis là, sur ma chaise, ma tasse de thé à la main, elle eut tout à coup un large sourire d'ironie étonnée et de pitié.

– Je comprends très bien, ajouta-t-elle d'une voix changée, plus ferme, à quoi vous pouvez penser et surtout de quoi vous avez peur. Mais il faut que je vous rassure... (Ici elle essaya de rire.) Il faut que je vous dise que je viens à peine de guérir d'un grand amour, d'un amour unique, et que je me sens très bien comme je suis maintenant. Tout à fait bien, ajouta-t-elle après une courte pause. Je crois qu'il me serait très difficile d'aimer encore une fois, sinon tout à fait impossible. Cet espoir m'aide beaucoup. Sans lui la vie me paraîtrait trop dure... C'est beaucoup mieux ainsi...

Elle tendit les bras, embrassant toute la pièce, avec moi dedans, la ville entière peut-être même. Je fis un geste d'impatience, posai ma tasse sur le plateau. Elle suivit mon geste avec étonnement et avec une certaine crainte.

Je ne sais plus ce que je lui répondis. Je me sentais tout bête, et en même temps j'éprouvais une complète désillusion, une grande humiliation. Elle avait parlé avec tant de sincérité de son grand, de son unique amour. Je pensai aux émotions extraordinaires de notre rencontre : elles étaient sans valeur, elles n'avaient aucune importance pour elle. Elle avait aimé autrefois, elle avait connu « un grand, un unique amour ». Je gardais ces mots gravés dans mon oreille; et ils m'humiliaient, me déprimaient.

– Je soupçonne que de nombreuses femmes, reprit-elle tout à coup, vous racontent leurs passions dans l'espoir non avoué que vous les utiliserez dans un de vos romans. Pardonnez-moi, mais je trouve cela ridicule; ne comptez pas sur moi pour vous fournir un nouveau sujet... (Elle avait un sourire embarrassé; elle n'arrêtait pas de se caresser les mains et de les regarder.) Et maintenant, parlons d'autre chose...

Comme ils allaient me torturer plus tard, ces quelques mots! Jamais je n'appris rien de plus de sa grande passion... Pas même qui avait été son amant, s'il vivait encore, si elle l'avait rencontré de nouveau, s'il était beau, jeune ou vieux, riche. Je n'ai jamais rien appris de plus. Et mes éclats de jalousie de plus tard furent d'autant plus terribles que je me rendais compte que si, en ce 8 janvier, à notre première rencontre, je m'étais montré plus camarade et plus calme, peut-être qu'Ileana m'aurait tout raconté. Peut-être ce jour-là éprouvait-elle le besoin de raconter, de se confier. C'est sur le tard seulement que je me convainquis qu'elle gardait très peu de secrets pour elle. Je me disais sans arrêt que ce jour-là il avait été à ma portée de pénétrer dans cette région que par la suite elle ne cesserait de défendre avec un acharnement presque dément. Bien souvent, feignant la naïveté, je lui ai demandé, mine de rien :

– A propos, comment s'appelait-il, ton amant?

Ou bien :

– Je pense que ce monsieur dont je ne sais pas le nom t'en a parlé...

Mais j'en étais chaque fois pour mes frais. Elle souriait tristement, ou cherchait ma main et me l'embrassait, ou se mettait à rire, me laissant soupçonner qu'elle avait deviné mon stratagème. Je finis par comprendre que je ne tirerais jamais rien d'elle. Peut-être m'aurait-elle confié certaines choses avant de se donner à moi; mais notre première étreinte scella à jamais son passé pour moi, telle la dalle d'un tombeau...

Je pense qu'un homme se dégrade rarement autant que durant une sotte crise de jalousie. Chacun d'entre nous, naturellement, a connu ces tourments insensés alimentés jusqu'à l'exténuation finale par l'imagination la plus déchaînée, la plus effrénée. Mais pour moi les tourments étaient encore plus grands; elle m'avait avoué, alors qu'elle n'était pas encore à moi, qu'elle avait aimé un homme qui avait été son « grand », son « unique » amour. Et je ne savais rien de cet amant secret qui m'avait précédé. Je ne pouvais le juger, je ne pouvais même pas l'identifier à un groupe d'hommes quelconque : blond, grand, jeune, intelligent, etc. Il m'arrivait parfois de soupçonner tous ses amis les uns après les autres. Je me demandais quelles chances il pouvait y avoir que ce fût celui-ci ou celui-là. Ileana m'ayant avoué qu'elle était partie à l'étranger, où elle était restée quelques années, pour ne plus le rencontrer, je croyais que cet amant inconnu pourrait être l'une de ses ternes relations de Bucarest... Si j'avais eu plus de courage, j'aurais questionné l'un d'entre eux, mais j'avais honte. Honte et peur, peur que ma question me rendît définitivement ridicule. Me trouvant en compagnie d'Ileana avec quelques amis, il m'arrivait, feignant de *savoir*, d'avoir découvert, de leur dire :

— J'espère que vous aussi vous êtes convaincus qu'Ileana a fait cette fois un meilleur choix...

Je guettais alors leur réaction. Ileana souriait, sans conviction, inclinant le front. Les autres nous regardaient elle et moi, gênés. Ou bien ils ne savaient pas très bien de quoi il était question, ou bien ils faisaient semblant avec un talent consommé...

Heureusement, ces crises de jalousie folle n'étaient pas de longue durée. J'étais assez fort pour me contrôler le plus souvent; le reste du temps la passion me possédait totalement.

Mais revenons à notre soir. Une fois qu'elle m'eut avoué son grand amour passé, Ileana commença à redevenir celle qu'elle était au début, comme si entre-temps elle avait été seulement distraite de la conversation par quelque préoccupation mineure, étrangère. Elle me reprocha encore une fois d'avoir oublié de lui apporter mon livre. Elle me demanda ensuite si vraiment les romanciers racontent toujours leurs propres expériences, et dans quelle mesure une femme que l'on a aimée peut se transformer en héroïne d'un livre. Elle s'efforçait, de toutes les manières possibles, de rabattre la conversation sur un domaine sans danger, celui des faits neutres. J'avais commencé à reprendre mes esprits, et je me réjouissais de trouver – ce qui jusqu'alors m'était arrivé si rarement – une femme intelligente, mais connaissant la vie, avec qui je pourrais parler d'art et d'écriture. L'atmosphère était devenue cordiale, on aurait dit une amitié naissante...

Comme il se faisait tard – on approchait de huit heures du soir –, je la priai, retrouvant mon courage, de sortir avec moi en ville. Nous irions au cinéma, ensuite nous dînerions ensemble. Elle accepta avec joie; elle n'avait guère d'amis à Bucarest et sortait rarement le soir.

– Vous savez l'allemand, n'est-ce pas?, fit-elle avec un sourire...

Je fus étonné du ton indifférent de cette question – un ton sûr de lui. Est-ce que réellement elle avait cru que le danger était définitivement écarté, et que nous pourrions devenir si vite des amis, de vrais amis? La camaraderie entre un homme et une femme jeune n'est possible que si tous deux sont très intelligents et que tous deux aiment ailleurs. Autrement, c'est une simple camaraderie plus ou moins insipide, peu intéressante spirituellement, – ou l'étape préliminaire d'une liaison tout aussi peu intéressante. Oui, l'amitié entre un homme et une femme jeune est un grand mot, avec une majuscule, si elle n'est pas nourrie par l'intelligence et soutenue par l'amour que chacun d'entre eux porte à une autre personne. Ces camaraderies agréables et impures que nous appelons amitiés, se résument la plupart du temps à des visites fréquentes, à quelques confidences et à une chaude familiarité; elles ne s'élèvent pas plus haut...

Ileana me pria d'attendre quelques minutes, le temps de s'habiller. Elle rangea les tasses à thé et passa dans la pièce voisine. Quand je fus seul, je sentis un grand calme m'envahir. Je m'étendis sur le sofa, comme si je m'étais trouvé dans une pièce bien connue, où il m'aurait été permis de prendre mes aises. Je regardai la lampe du plafond; à cet instant, je me rappelai qu'à vingt-quatre heures de là exactement je prenais la main d'Ileana dans la mienne, éprouvant un trouble étrange. Je bondis brusquement sur mes pieds. Et si elle mettait de nouveau cette voilette qui lui change si curieusement le visage? Mon cœur se mit à battre. Pour la première fois depuis que je la connaissais, j'étais nerveux, ému, impatient comme à un rendez-vous amoureux.

Je ne sais combien de temps j'attendis, regardant distraitement par la fenêtre le brouillard taché et comme ensanglanté par les réclames lumineuses. J'entendis la porte s'ouvrir. L'espace d'un éclair j'eus peur de me retourner. Et si réellement les choses se passaient *ainsi?...* Je la vis, et mon cœur s'arrêta de battre un instant; elle n'avait pas encore mis son manteau de fourrure, ni sa voilette, mais elle portait le corsage dans lequel elle était le soir précédent. Elle s'était très légèrement fardée et je sentis de nouveau son parfum, intensément. Je m'approchai, hésitant. Je crois qu'elle me regardait elle aussi, car elle s'arrêta. Je lui pris les mains lentement, la suppliant des yeux, et elle ne résista pas.

– Je n'en peux plus, balbutiai-je. Pardonne-moi... Je n'en peux plus.

Je ne me contrôlais plus. Je la pris dans mes bras, la serrant cette fois jusqu'à l'étouffer, sauvagement, cherchant sa bouche. Elle voulut se défendre, son corps se débattit un instant, tout frissonnant, – puis elle me prit les épaules et accepta mon baiser. Je ne la laissai plus partir. Lorsqu'elle eut descellé ses lèvres de cette étreinte de feu, elle me murmura toute chaude :

– Pense bien à ce que tu fais, penses-y bien...

Dans mes bras elle était extraordinairement légère. Je ne sentais qu'une chose : qu'elle pleurait et sanglotait, désespérée, comme si tout sombrait pour elle sans retour.

... Quand je me levai pour éteindre la lampe, j'eus l'impression que tout était changé, définitivement. Je crois que c'est ce qu'éprouvèrent certains jeunes au moment de la mobilisation de 1914 : leur vie, jetée dans une course folle, sur des chemins perdus, ne leur appartenait plus. Désormais tout pouvait arriver, à tout moment; mais tout paraîtrait naturel, tel un destin absurde qui s'accomplit...

IV

Cette nuit-là, je rentrai tard chez moi. Les heures vastes, où nos corps se reconnurent comme après une longue et maudite séparation, avaient réduit à néant en eux toute lucidité, toute résistance. Mais je voulais partir, surtout pour Ileana. Il m'eût été pénible de descendre de chez elle le lendemain matin, en pleine lumière du jour, non rasé, de rencontrer peut-être des voisins soupçonneux dans l'escalier. J'appris par la suite que tout cela lui était indifférent; mais la première nuit elle n'eut pas la force de me le dire. Je pris le premier taxi qui se présenta. De retour chez moi, longtemps je luttai avec le sommeil; enfin je m'endormis, étourdi, ivre, malade...

Alors commença le temps pathétique de l'amour. Je ne tentai plus, je ne sentis même plus le besoin de tenter d'échapper à cet enchantement qui m'avait ensorcelé. Tout mon être avait sombré. Tout ce que je pensais jusque-là de l'amour, de la volupté, de la liberté, se révélait maintenant puéril, superficiel, presque vulgaire. Oubliées, les femmes connues jusqu'alors, leurs petites passions, leurs petites démences, leurs médiocres sacrifices. Il m'aurait été impossible d'imaginer, avant que j'eusse connu et aimé Ileana, que l'homme pouvait s'unir si parfaitement, que l'amour pouvait être une telle plénitude. La présence de la femme aimée que je redoutais tant jusque-là, cette présence dissolvante et corrosive comme la pierre infernale, je la ressentais maintenant comme l'accomplissement angélique de mon être.

A quel point l'amour d'Ileana emplit dès lors ma vie, un petit épisode vous le montrera. A quelques jours de là seulement, je me rendis à l'invitation de vieux amis à moi en Moldavie. Je partis un samedi soir, décidé à rentrer au milieu de la semaine suivante. En train, je ne pensais qu'à elle. Si j'avais hâte de revoir mes amis, c'était en réalité parce que j'étais impatient de leur parler d'elle. L'idée que je pourrais être indiscret ou importun avec mes confessions ne m'effleurait pas l'esprit. Certes, je n'avais pas l'intention de leur raconter tous les détails de notre rencontre et de notre amour; mais je savais que je parlerais d'Ileana à propos de choses que je lui avais dites d'abord à elle, que j'invoquerais son avis, que je la décrirais, que je ferais son éloge sans citer son nom. C'est en effet ce qui arriva.

Vingt-quatre heures seulement après notre séparation, la première nuit passée loin d'elle fut un supplice. Allongé sur le lit de la chambre d'amis, je n'arrêtais pas de fumer, regardant machinalement le plafond, et chaque fois que son image se dessinait dans mon esprit, je tressaillais. Ce départ, juste au début de notre amour, me paraissait maintenant absurde, criminel. Je m'accusais de ne pas avoir eu la force de refuser cette visite, bien qu'en réalité je l'eusse acceptée avant les fêtes...

Le lendemain, je ne tenais plus en place, rien de tout ce qui se passait autour de moi ne m'intéressait. Je prétextai une brusque indisposition et partis par le premier train... Je n'aurais jamais cru que tout ce que j'avais lu dans les livres, que tout ce que j'avais entendu raconter à propos des amoureux impatients de se retrouver après la plus courte absence, pouvait être vrai à ce point. Des kilomètres avant que le train n'arrive à Bucarest, j'étais sorti dans le couloir avec ma valise. On aurait dit que les minutes passaient plus lentement qu'autrefois. Et ces derniers instants me paraissaient d'une importance exceptionnelle. Maintenant je savais combien il est terrible d'attendre que le temps s'écoule.

Je pris un taxi en face de la gare du Nord, indiquant au chauffeur l'adresse d'Ileana. Je montai chez elle comme j'étais, ma valise à la main, un livre sous le bras. Mon cœur s'arrêtait de battre seulement à la pensée qu'elle ne fût pas chez elle. Je sonnai nerveusement, d'un coup bref. Quelques instants de panique. Et puis la voilà en face de moi. Elle avait ouvert sans même soupçonner que ce pouvait être moi. Elle avait son inséparable corsage gris, avec une cravate noire. J'eus le temps, un court instant, de voir ses traits fatigués, décomposés, ses yeux absents, égarés. Puis son regard s'illumina d'une lueur irréelle, sa bouche s'entrouvrit, son souffle s'arrêta. Elle me prit dans ses bras, se suspendant à moi, comme si elle me retrouvait après une séparation longue, désespérante. Je la portai pantelante dans sa chambre.

– Ne me laisse plus seule, mon chéri, disait-elle, ne me laisse plus seule...

Mon absence l'avait abattue. Elle ne pouvait plus se reposer sur personne. Elle était restée presque deux jours entiers enfermée chez elle, buvant du thé pour toute nourriture, passant le temps à m'attendre à la fenêtre, le front collé à la vitre. Je devinai surtout par ses murmures plaintifs quelles insomnies affreuses elle avait endurées, la tête enfoncée dans l'oreiller sur lequel j'avais dormi. Elle me raconta comment elle avait refusé jusqu'au dernier moment de croire à mon départ; tandis que je lui parlais de mes amis, que je lui expliquais pourquoi il fallait absolument que j'aille passer quelques jours avec eux, en pensée elle implorait l'intervention divine qui me retiendrait près d'elle. Quelques instants après notre étreinte sur le seuil, ayant refermé la porte, elle ne se rendait pas compte que réellement elle était restée seule. Elle croyait encore à un miracle, elle croyait que je reviendrais dans quelques heures, que nous passerions cette autre nuit ensemble. Lorsque la nuit tomba le désespoir l'envahit. Elle était torturée à la pensée de m'avoir laissé volontairement partir; pourquoi ne s'était-elle pas jetée à mes pieds, pourquoi ne m'avait-elle supplié de l'emmener avec moi ne fût-ce que jusqu'à la ville où je me rendais? Je l'aurais, à l'insu de tous, enfermée dans quelque chambre d'hôtel, d'où elle m'aurait guetté par une fenêtre. Au moins ainsi m'aurait-elle senti près d'elle...

La soif de nos corps fut difficile à étancher ce jour-là. On aurait dit que leur étreinte allait au-delà de l'étreinte, tellement à la fin ils confondaient leurs contours, tellement notre chair disparaissait, tellement nous perdions notre respiration, dévorés elle et moi par une même bouche sanglante et insatiable. Plus d'une fois j'ai espéré qu'au bout de ce ravissement nous rencontrerions ensemble la mort. Je ne savais pas que la mort pouvait être aussi tentante, aussi chaude – volupté sans spasme, béatitude sans gémissements. Dans mes rares instants de lucidité, quand je me réveillais, je réalisais que le sort ne m'avait pas donné seulement une certaine âme à aimer, mais aussi un certain corps que seule ma passion pouvait briser. A côté, toutes mes expériences charnelles antérieures n'avaient été qu'un jeu, un jeu innocent, une volupté gratuite. Ileana était née seulement, uniquement pour moi. J'eus alors la révélation du véritable sens de ces mots : *ma, mon.* La possession, si parfaite soit-elle, ne signifie rien, presque rien. Celui qui a dit que l'amour est une question d'épiderme entendait par là sans doute qu'une possession n'est possible que dans certaines conditions physiques et pour certains exemplaires d'hommes et de femmes. Mais le corps peut révéler plus que cela. Au-delà de la volupté, au-delà de l'amour physique, on peut se retrouver complètement dans l'union charnelle, comme si on saisissait, pour la première fois, une autre partie de soi-même, qui nous complète, nous parachève, nous apporte une autre connaissance du monde, enrichie de nouvelles dimensions...

Je sais combien tout ce que je dis là est confus, bien que j'aie tenté dans mon livre de le présenter clairement et de l'approfondir. Si j'ai écrit, c'est surtout pour préciser cette chose terrible : le sens de l'union. Car la révélation de l'union parfaite c'est cela : se retrouver soi-même au moment où l'on se perd. Mais ce que l'on retrouve, ce n'est pas son expérience quotidienne, son profil spirituel tel qu'il se dessine dans la forte lumière du jour; non, on se sent un être parfait, total, libre. Il est curieux que les dernières nuances du pronom possessif aient disparu à l'instant même où le corps que je reconnaissais se découvrait à moi comme étant *le mien;* que cette Ileana ravie par le grand mystère des noces, ce corps illuminé par un seul sourire humide, fût le mien. Et pourtant, comme cette formulation est vague : *le mien, la mienne!...* En réalité la connaissance parfaite du corps d'Ileana ne me révélait pas quelque chose que je possédais, quelque chose qui m'appartenait, mais mon être propre, mon être merveilleux, parfait et libre...

Comme je m'exprime mal, comme il est difficile de témoigner avec précision de cette découverte! Je n'arrête pas de parler du corps d'Ileana comme si je l'avais encore senti, comme si j'avais encore été conscient de le serrer dans mes bras. Mais mes sens alors ne saisissaient plus ni volumes ni lignes, ils ne percevaient plus ni sensations ni émotions; au bout de ce ravissement suprême je n'avais plus l'intuition que d'une seule *présence*, dont je ne pouvais plus me soustraire... Comme la mort alors me paraissait lumineuse... Je sentais que nous étions tout près d'elle, car cette créature cosmique et libre, née de l'étreinte, est elle-même notre *mort;* elle ne peut se réaliser que par un total abandon de notre chair, par une totale évasion de nous-mêmes... Pourquoi n'avons-nous pas eu le courage de rester pour toujours ensemble, unis en un seul être cosmique? Je ne pensais pas jusque-là à la survie du corps, n'étant versé que dans les réalités concrètes. Mais depuis lors je sus qu'aucun homme ne peut survivre tel qu'il est, brisé en deux, seul. La vie a une fin ici-bas, sur terre, parce qu'elle est fracturée, éparpillée en une myriade de fragments. Mais celui qui a connu comme moi l'intégration parfaite, cette union inaccessible à l'expérience et à l'esprit humains, celui-là sait qu'à partir d'un certain niveau la vie n'a plus de fin. L'homme meurt parce qu'il est brisé en deux, mais par une grande étreinte il se retrouve lui-même, entier, autonome et éternel...

Elle descendit du lit la première, nue, fit quelques pas hésitants à travers la pièce, alluma la lampe et se mit à fredonner la mélodie dont je me suis souvenu ce soir. Je la regardais marcher, et chaque mouvement de son corps, blanc jusqu'à la transparence, me paraissait un miracle. Comment peut-il exister des hanches si parfaites, une jambe si délicatement dépliée, si svelte, et en même temps si animée? Je n'avais vu jusque-là son corps que confusément, dans la pénombre. Maintenant la lumière mate le purifiait, absorbant les ombres; il avait comme un lustre de nacre. Tout à coup je me sentis ensorcelé par cette mélodie simple et triste.

– Qu'est-ce?, lui demandai-je.

Ileana s'approchant de moi s'agenouilla près du lit. Un sourire lointain attendrissait son visage.

– Une chanson banale, dit-elle en me caressant. Je l'ai apprise à Berlin.

– Tu l'as déjà chantée à quelqu'un d'autre?, lui demandai-je en plaisantant.

– Je te la chantais à toi, en t'attendant, me répondit-elle. En t'attendant et en te fuyant... Si tu savais combien je t'ai fui avant de te rencontrer...

J'étais interloqué. Vraiment, aurait-elle entendu parler de moi, de mon œuvre, avant de me connaître, aurait-elle lu quelque livre de moi et serait-elle tombée amoureuse de l'auteur, inconsciemment, comme une petite demoiselle de pensionnat? Non, Ileana n'avait plus la naïveté d'une jeune fille. Je connaissais sa chaude maturité débarrassée de tout bovarysme, lavée de tout sentimentalisme bon marché. C'était depuis longtemps une vraie femme, une femme accomplie.

– Pourquoi m'as-tu fui?, lui demandai-je.

Je pensai alors à toutes ces années de ma jeunesse dépensées stupidement, entre les femmes et les livres, à toute cette vie frivole livrée au hasard. Ah! si je l'avais rencontrée plus tôt, avant son « grand amour », si j'avais été le seul à la connaître! De combien de souffrances, de combien de larmes je l'aurais dispensée!...

Se levant sans me répondre, Ileana reprit sa chanson, à haute voix cette fois :

Ich spür' in mir
Ich fühl in dir
Das gleiche, wilde Blut...

Elle avait une voix timide et néanmoins très précise, discrète, intériorisant l'émotion avec un instinct extraordinaire. Je l'écoutais distraitement, car c'était une mélodie qui n'avait rien d'intellectuel, aucune intention théorique. Elle contenait seulement toute la nostalgie de la terre...

– Pour qui la chantais-tu à Berlin?, demandai-je encore une fois avec un frisson dans la voix.

S'approchant de moi elle prit ma tête dans ses mains.

– Je te l'ai dit : pour toi... Assise le soir derrière le rideau de la fenêtre, je chantais en t'attendant... Je savais que je te rencontrerais... Je le savais depuis très longtemps, ajouta-t-elle en me caressant le front. Je l'ai su lorsque j'étais encore toute petite et que je rêvais de princes charmants...

Elle s'efforça de rire, mais devinant que toutes ces choses l'avaient troublée, je la pris par les épaules, l'inclinant plus vers moi.

– D'où le savais-tu?, demandai-je.

– C'est ma nourrice qui me l'a dit, répondit-elle avec simplicité. Elle m'a dit que j'aurais d'abord un grand amour, dont je faillirais mourir. Que, lorsque je me croirais guérie à jamais, j'en connaîtrais un autre encore plus grand, et qu'alors je serais heureuse, très heureuse...

Elle s'arrêta tout à coup, s'efforçant de garder son sourire. Je ressentis un grand calme, et de nouveau ma soif de savoir m'aiguillonna, ma soif de connaître tout ce que cachait son passé, son âme.

– Et que t'a-t-elle dit d'autre?, lui demandai-je encore, la forçant à me regarder dans les yeux.

– De me méfier de cet amour, de me méfier de toi...

Stupéfait, je me tus quelques instants. Puis je lui dis, me dominant difficilement :

– Mais pourquoi, pourquoi?

– Parce qu'il serait trop grand...

Elle ne put continuer. Prise de sanglots, elle cachait sa tête sur ma poitrine :

– Ne me laisse pas seule, dit-elle de nouveau tout bas, ne me laisse pas seule...

J'eus alors le sentiment qu'un danger la menaçait, un danger très proche, qu'elle n'avait pas le courage de m'avouer; peut-être une grave faute, peut-être un chantage...

– Mais qu'est-il arrivé?, demandai-je. Pourquoi ne veux-tu pas me le dire? Tu as peur de quelqu'un?...

– Non, de personne, répondit-elle, essayant de se dominer.

Après quelques instants, elle prit ses tempes dans ses mains et sourit :

– J'ai perdu la tête, comme ça, tout d'un coup.

– Je sais pourquoi tu as pleuré, lui dis-je, m'efforçant de paraître de bonne humeur. Cette nourrice t'a prédit que je te tromperais, ou que je te quitterais...

– Non, dit-elle, secouant son front. Elle m'a prédit que je mourrais...

Je ne sais pourquoi je fus si bouleversé par ces mots prononcés d'une voix mate que je ne lui avais pas connue jusque-là. Mais m'efforçant de ne pas me laisser influencer par de pareilles naïvetés, je lui dis en riant, lui baisant les mains :

– Qu'importe, si nous mourons ensemble, dans les bras l'un de l'autre...

Son intelligence chaude, discrète, illumina tout à coup ses yeux :

– Non, dit-elle, si je dois mourir de cet amour, je mourrai seule...

– Mais tu ne mourras pas!, rétorquai-je.

Elle me ferma les lèvres avec sa bouche, et ne me laissa plus prononcer un mot...

A peu de temps de là nous partîmes tous deux pour Predeal. Notre liaison était désormais connue de tous, mais cela me préoccupait fort peu. Du reste, j'avais changé ma vie dès les premiers jours. Je ne voyais plus mes anciens amis, je ne fréquentais plus le cercle de mes camarades; je ne sortais qu'accompagné d'Ileana, pour de longues promenades sur les boulevards ou à Cotroceni. N'étant pas particulièrement démuni, n'ayant jamais été forcé d'écrire pour gagner ma vie, cette inactivité ne me pesait pas particulièrement. J'avais commencé, lorsque je rencontrai Ileana, une grande nouvelle; elle est restée dans son carton, inachevée. Maintenant que je connaissais Ileana, *La Jeunesse de Magdalena* me paraissait naïve, bien qu'elle lui plût beaucoup à elle. Mais l'écriture ne me tentait plus.

Les journées d'hiver cette année-là furent une longue euphorie. A Predeal Ileana m'aida à découvrir la volupté sans pareille du ski et je crois que dans aucun autre sport je n'ai trouvé une telle liberté, une autonomie de mon corps si revigorante. A Predeal aussi, en pleine saison d'hiver, nous nous isolions. Nous ne voulions à aucun prix lier de nouvelles amitiés ni même encourager celles de Bucarest. Nous mangions dans un restaurant obscur, assis à une petite table tout au fond de la salle, amoureux jusqu'à oublier tout le reste, les yeux dans les yeux, indifférents à tout ce qui se passait ou se disait autour de nous. J'appris plus tard que notre isolement était au centre des conversations, qu'il stupéfiait tout l'hôtel. Ileana attirait toujours les regards. L'amour la rendait, je crois, plus belle encore; elle rayonnait d'un éclat nouveau. Son extraordinaire sveltesse ne redoutait aucune tenue sportive, et sa manière de se vêtir si sobre la distinguait encore plus des autres femmes. Le soir nous partions nous promener dans le parc, serrés l'un contre l'autre. Nous faisions des plans de voyages, je lui racontais ma vie. Je ne ressentais pas encore le besoin d'écrire : Ileana m'avait à elle tout entier, nuit et jour, continuellement. Parfois elle me racontait elle aussi quelque souvenir de la Légation de Berlin, me décrivant avec beaucoup d'humour les hauts fonctionnaires de cette institution, me parlant de ses amies allemandes, qui lui écrivaient régulièrement, lui envoyaient des photos du Wandsee, le portrait de leurs fiancés. Je compris que son travail à Berlin était dur, mais elle avait choisi cette voie pour pouvoir échapper définitivement à son pays, à sa famille, à ses amis. Ce séjour avait duré quatre ans sans interruption. Elle passait ses vacances au Tyrol avec une amie. Elle était revenue en Roumanie avec l'intention d'y rester un an : le temps que lui permettaient les économies qu'elle avait faites à Berlin. Ensuite elle demanderait un poste dans une autre légation, au nord de l'Europe. Elle aimait les paysages blancs, sobres; les gens honnêtes, sans trop d'imagination, qui la laissaient en paix, qui la laissaient oublier, guérir...

C'est alors qu'elle me rencontra. Dès lors elle n'eut plus aucun plan, ne décida plus rien. Parfois, durant ces semaines passées à Predeal, elle me disait, le matin, se collant contre moi toute chaude :

– Que c'est bien ainsi, de ne plus penser à rien, de ne plus avoir de souci, de crainte... Je voudrais ne plus me réveiller jamais...

Elle s'arrêtait – on aurait dit qu'elle écoutait ses propres pensées –, puis elle ajoutait :

– ... Et si cela arrive, cela ne me fait rien, j'aurai eu assez de bonheur...

Nous rentrâmes à Bucarest vers la mi-février.

V

Sans m'en rendre compte, comme il arrive toujours dans une grande passion, je m'isolai presque complètement du monde. Certes, nous sortions de temps en temps. Nous allions aux spectacles, surtout aux concerts, mais une légende bizarre s'était créée autour de nous, et bien que nous fussions partout entourés de regards curieux, rares étaient les personnes qui osaient nous aborder. Je découvris par la suite, au printemps, tout ce qui se racontait au sujet de mon aventure dans les cafés et les cercles que je hantais auparavant. Durant quelques mois à Bucarest on ne parla plus de *La Jeunesse de Magdalena*, mais de mon amour pour Ileana. Les gens que je fréquentais ne savaient rien d'elle, ni qui elle était ni d'où elle venait, où elle avait vécu avant de me rencontrer. Son charme était d'autant plus étrange lorsqu'elle paraissait à mon côté, vêtue toujours sobrement, de blanc et de noir ou de tons gris discrets, regardant autour d'elle, heureuse, calme, presque sans rien voir. Lorsque nous sortions de quelque spectacle, nous partions seuls et choisissions des restaurants modestes, où venaient surtout des familles bourgeoises et où nous ne risquions pas de rencontrer des relations. Ileana aimait ce genre de local sans prétention, sentant la bière fraîche et le cumin. Naturellement, nous ne pouvions refuser certaines invitations, surtout celles de l'architecte chez lequel nous nous étions connus. Placés à table loin l'un de l'autre, nous n'arrêtions pas de chercher nos yeux. Si Ileana était invitée à danser, je ne la perdais pas de vue un instant; j'étais impatient, inquiet, et je ne retrouvais mon souffle qu'au moment où elle revenait près de moi. Nous restions peu s'il y avait trop de monde. Nous n'entretenions de vrais liens d'amitié qu'avec deux jeunes mariés. Nous nous rendions chez eux avec joie. Ileana parfois y chantait, appuyée contre la porte, regardant devant elle d'un air vague, les mains dans son dos...

L'hiver passa rapidement. Le mois de mars cette année-là fut froid et couvert. Nous dûmes renoncer, à l'approche du crépuscule, à nos longues promenades. Contraints de passer ces heures à la maison, nous les consacrions à la poésie. Je lisais à haute voix; Ileana m'écoutait allongée sur le lit, la tête renversée, les yeux fermés. Elle aimait surtout les poètes mélancoliques, tout particulièrement Rilke et Baudelaire. Mais son attention était inégale. J'allais et venais à travers la pièce, le volume à la main, et il m'arrivait parfois de constater, en changeant de voix pour répéter un vers, qu'elle ne m'écoutait pas. Elle sursautait alors comme quelqu'un que l'on dérange dans son sommeil. Mais elle était seulement plongée dans ses pensées. Je m'approchais et la fixais des yeux.

– Cela va durer longtemps?, ...me demandait-elle tout effarouchée.

Elle ne pensait pas toujours à une éventuelle séparation; elle repoussait cette perspective affreuse avec fermeté, de toutes ses forces. Mais elle soupçonnait que cette vie vécue avec moi, instant après instant, ce miracle de deux êtres constamment présents l'un pour l'autre, ne pourrait durer. Elle se rendait compte, me trouvant parfois devant la bibliothèque, que bientôt je serais repris par ma vieille passion, et qu'alors le travail me déroberait à elle, m'éloignerait d'elle, des heures entières, des jours entiers. Elle savait que ma soif de création, ma soif d'écriture, était seulement endormie, qu'elle ne pourrait le rester indéfiniment. Elle prenait son parti de ce destin, à condition qu'il s'accomplît le plus tard possible. Il lui arrivait de se dire qu'elle était immorale, avec son amour envahissant, qu'un homme ne peut vivre sans travailler, et particulièrement qu'un artiste n'a pas le droit d'enterrer son talent. Mais elle finissait toujours par se dire que, moral ou immoral, bien ou mal, tout cela n'avait rien à voir avec l'amour réel, l'amour sacré; que notre union était la seule chose qui comptât; tout le reste – travail, création, talent, honneurs – ne valait rien, car tout est vanité humaine, vanité terrestre...

Mais elle n'avait pas le courage de m'avouer

ces pensées. Le jour où elle sentit en moi une légère nervosité, une impatience fébrile et que je lui avouai mon *besoin* d'écrire, elle me pria de m'y mettre tout de suite, me préparant ma table de travail près de la fenêtre. Je sus depuis le début qu'il me serait impossible de travailler en la sentant près de moi. Mais elle demandait si gentiment la permission de rester que je ne pouvais refuser. Prenant un livre, elle se pelotonna au fond du divan. Je l'entendais qui retenait sa respiration pour ne pas me déranger, qui tournait les pages avec d'infinies précautions. Je souriais. Il m'était difficile de me concentrer, de réaliser cet isolement parfait du monde extérieur, préliminaire à tout acte de création. La présence d'Ileana me troublait d'autant plus que je ne l'entendais ou ne la sentais plus. Et cette présence était euphorique et me portait dans toute sorte de directions sauf vers mon art. Du reste je crois qu'aucune création artistique n'est possible dans un état de plénitude et d'euphorie, c'est-à-dire si l'être tout entier n'éprouve pas une absence qui le mine, car c'est cette absence qui cherche à s'accomplir dans l'acte créateur. C'est pourquoi je n'ai jamais pu écrire au milieu de la nature, en écoutant de la musique, en vivant une révélation telle que l'amour, ou encore sous l'emprise d'une idée grandiose, d'une nouvelle conception du monde...

Après environ dix minutes durant lesquelles je regardai le ciel par la fenêtre et achevai de fumer une cigarette, je me levai de ma table de travail. Ileana était blême de peur. Elle me suivait des yeux, comme attendant une sentence d'un instant à l'autre.

– Tu ne peux pas?, me demanda-t-elle, essayant de sourire.

Je me mis à rire et la pris dans mes bras. A vrai dire mon inquiétude créatrice s'était dissipée. Je m'assis auprès d'elle sur le divan et voulus m'associer à sa lecture. Mais dès les premières lignes j'abandonnai, distrait par un détail.

– Voilà que de nouveau tu me fuis, me dit-elle tout bas, caressant mes cheveux. Comme je devine aisément que tu t'éloignes de moi...

Elle avait une voix triste et résignée. Je lui dis qu'avant de pouvoir écrire quelque chose, je ressentais toujours cette impression confuse, étrange, que mes pensées s'enroulaient une à une, sur un fil inconnu; que je ne pouvais lutter contre cette sorte d'états d'âme. Je lui dis que le lendemain j'essaierais d'écrire dans mon bureau.

– Laisse la porte ouverte, que je te sente plus près de moi, me demanda-t-elle.

Naturellement, la porte ouverte attira mon attention; au bout de peu de temps je la poussai sans m'en apercevoir. Je n'entendais pas Ileana, je ne la sentais pas. Me levant de ma table, je me mis à faire les cent pas à travers la pièce. Peu à peu, lentement, je réussis à m'isoler, à oublier que mon Ileana était à quelques mètres de moi. Ce soir-là je restai cloîtré dans mon bureau. Un coucher de soleil inondait la pièce : je ne le voyais pas. Ileana me dit qu'elle l'avait regardé par la fenêtre de notre chambre. Elle m'avoua qu'elle était émue. Elle avait senti que je m'étais éloigné d'elle définitivement; que je l'avais oubliée, mais cette douleur – redoutée d'elle depuis longtemps – commençait à se fondre avec cet autre sentiment, plus vague, que non loin d'elle se réalisait cette chose mystérieuse : l'acte de la création. Elle m'entendait haleter, elle entendait les feuilles de papier déchirées nerveusement et chaque fois elle frémissait comme si c'était elle que ma main déchirait. Ensuite elle m'entendait pousser des soupirs, me lever brusquement pour me promener à travers la pièce, ouvrir la porte pour aller boire un verre d'eau, allumer une cigarette. Elle écoutait tout cela et elle était saisie peu à peu d'un frisson. Derrière ces signes de souffrance s'accomplissait un petit miracle dont elle n'avait jamais soupçonné qu'il fût si dramatique. Elle croyait que la littérature est exclusivement œuvre d'inspiration, que le talent n'est que le don d'écouter certains mots que l'oreille des autres n'entend pas, de les coucher sur le papier, de les dicter à la main une, deux, cinq heures, jusqu'à ce qu'elle se fatigue. Or maintenant elle assistait à une lutte sourde contre la matière. Elle me suivait parfois des yeux, traversant la pièce, concentré : je ne la voyais pas, je ne soupçonnais même pas qu'elle était là. Et cette solitude malgré ma présence lui pesait alors jusqu'à l'anéantir. Lorsque je la rejoignais tard après minuit et que je la prenais dans mes bras, elle me couvrait de baisers, comme si elle me retrouvait après une longue séparation.

– Tu as échappé au démon?, me disait-elle en me caressant le front.

Elle ne me demandait jamais ce que j'écrivais, elle ne me demandait pas de lui raconter mon sujet, elle ne cherchait même pas à lire les feuilles restées sur le bureau. Elle s'appliquait uniquement à éloigner de mon front et de mon visage les ombres du labeur. Car je lui revenais toujours épuisé, malade, et la fièvre durcissait mes traits, me troublait les yeux. Ileana alors était douce, douce, et ses mains pâles me rafraîchissaient...

Le livre que j'avais commencé ce printemps-là est resté inachevé. Et je ne pourrais même pas le terminer maintenant. J'y travaillai seulement quelques semaines. Durant ce temps je ne sortais presque pas de la maison. Nous commandions nos repas à la pension voisine. Ileana faisait les courses, m'achetait mes cigarettes, me préparait mon café au cours de mes épuisantes après-midi de travail. Nous recevions rarement nos amis.

– Andréï se bagarre avec son enfant, leur disait-elle en souriant.

Un soir, comme nous étions restés seuls, elle me dit d'un air pensif :

– Quelle naissance douloureuse...

– Cela te fait de la peine?, lui demandai-je.

Elle ne me répondit pas. Elle inclina seulement son regard vers le sol, se caressant les mains. C'était un geste qui la hantait les derniers mois. Chaque fois que je n'étais pas *présent*, qu'elle ne me sentait pas près d'elle, elle se caressait les mains; c'est comme si elle avait tenté, inconsciemment, de retrouver ma caresse à moi, en se mentant à elle-même. Mais voyant qu'elle se taisait, je n'insistai pas.

Ce détail ne me revint en mémoire que quelques semaines plus tard. Par un clair matin d'avril je m'étais attardé au lit, et Ileana, dans une longue chemise de nuit qui lui prolongeait étonnamment le corps, regardait par la fenêtre ouverte.

– Andréï, me demanda-t-elle tout à coup, sans se retourner, tu ne voudrais pas avoir un enfant?

La question me parut si étrange, si inattendue, que je souris stupidement, ne sachant que répondre. Je m'étais habitué depuis longtemps à la pensée qu'étant un artiste je ne pouvais avoir de filiation que spirituelle. Peut-être que cette attitude était plus commode; peut-être me disais-je qu'un enfant m'attacherait à une certaine femme, à un certain lieu, qu'il porterait atteinte à ma liberté, qu'il me forcerait à travailler plus, qu'il modifierait entièrement ma conception du monde. Pour moi, l'artiste était un type humain bien défini; il avait certains droits, certaines licences, mais aussi beaucoup de devoirs, vis-à-vis de lui-même, vis-à-vis de l'art et de son destin. Et puis, naturellement, ce problème était lié à l'idée de mariage, institution que je vénérais mais dont j'excluais les artistes et les penseurs. J'avais décidé depuis longtemps de résister, avec cruauté, à toute tentation de fixation, à toute tentation de vie domestique. Parfois, rentrant chez moi, seul, d'une visite à quelque couple jeune et heureux, j'enviais la vie des gens simples que le destin ne forçait pas à rester jusqu'à la mort dans une splendide et froide solitude. J'aimais alors comparer le sort de l'artiste à la vocation monacale. Comme un moine, voué à la contemplation, l'artiste est condamné à rester seul, sans descendants...

Naturellement, hormis ces certitudes, qui faisaient partie de ma structure intime et de mon destin, j'avais aussi une quantité de superstitions liées au mariage. Il me semblait que l'état d'homme marié fait obstacle à l'acte pur de la création. Par le mariage on acquiert une nouvelle dignité civile qui trouble l'intuition de l'artiste. Par ailleurs, je concevais l'artiste comme un homme en éternelle disponibilité, créateur de valeurs esthétiques, un point c'est tout. Sa vie peut changer, et il est bon qu'elle change, d'un jour à l'autre. Son expérience, prodigieuse comme il se doit, ne peut être limitée, immobilisée...

Je crois qu'Ileana devina mes pensées. Voyant que je ne répondais pas, elle ajouta, d'une voix mate :

– Il n'est pas question *d'autre chose*, comprends-moi bien. Mais je voudrais tellement avoir un fils de toi, par toi...

Elle revint rapidement de la fenêtre et se pelotonna à mon côté. Jamais je ne l'avais vue si changée; on aurait dit qu'elle avait peur de quelque chose d'invisible, d'une destinée qu'elle sentait s'approcher d'elle. Et quelle autre femme aurait eu le courage de parler de ses flancs stériles, de confesser tout à coup un secret que je ne soupçonnais pas, auquel je ne pouvais penser? Sa soif d'enfantement me révéla alors une autre Ileana, aux racines profondes, liées à la terre, brûlant d'un désir qu'aucune caresse ne pouvait apaiser. J'avais pensé à la maternité jusque-là toujours avec émotion, mais ce destin me paraissait d'un ordre inférieur, il était lié pour moi plutôt au hasard et à la physiologie, nourri exclusivement d'instincts. Je ne croyais pas que ce désir pût posséder une femme jusqu'à son anéantissement total, qu'il pût pénétrer toutes les zones de sa conscience, la macérant lentement, insidieusement.

– Toi tu *fais* quelque chose, me murmura-t-elle, tu crées. Mais moi je n'ai aucune sorte de don, je suis une simple femme. Puis-je rester éternellement ainsi, comme maintenant, pure, intacte?

Je tentai de la consoler, mais j'étais troublé moi aussi par cette force obscure et puissante qui l'incitait à réclamer courageusement l'accomplissement du destin. D'où surgissait donc tout à coup ce cri terrestre dans mon Ileana, dont l'amour venait d'ailleurs, un amour trop parfait pour enfanter? Serait-ce le printemps tardif qui s'était épanoui en quelques nuits, bousculant la ville, la saoulant de soleil et de sève? Que s'était-il passé dans le cœur de ma bien-aimée, quel vide y était resté, interdit à ma passion et qui l'engloutissait maintenant intégralement? En même temps, dans mon émotion perçait un commencement de jalousie. Je ne suffisais donc pas à son bonheur, il lui manquait encore quelque chose, elle éprouvait le besoin d'un accomplissement qui, bien qu'il se fît par moi, me dépassait et qui nous séparait.

Jusque-là je croyais que rien ne pouvait s'ajouter à notre amour. Il était absolu, autonome, imperméable à quelque autre force que ce fût. Tous deux nous formions un couple idéal, créés l'un pour l'autre, destinés à vivre et à mourir ensemble. Je ne pouvais oublier l'extase d'étreintes qui, nous arrachant tous deux à notre être, nous unissaient dans un autre monde. Or voilà que je découvrais qu'Ileana était elle aussi restée attachée à la souche primordiale, aux racines de la nuit...

— Nous ne sommes pas un couple de ce monde, nous deux, dis-je pour la consoler. Notre destin ne s'accomplit pas sur cette terre. Nous nous sommes connus dans l'amour; l'amour est notre paradis. L'amour sans fruit : nous sommes comme Tristan et Iseut, Dante et Béatrice, ajoutai-je en souriant...

Ileana me serrait dans ses bras en pleurant. Je sentais le frémissement de tout son corps, comme dans un spasme.

— Peut-être as-tu peur de *quelque chose d'autre*, me dit-elle, sans me regarder. Peur que *cela* te lie à moi définitivement...

J'essayai de rire. Elle s'effrayait d'une chose qui ne m'avait pas traversé l'esprit.

— Au contraire, j'ai peur que notre amour ne s'altère, s'il enfantait ici, *sur terre*, dis-je en soulignant les derniers mots. Il deviendrait autre chose; de tout aussi précieux peut-être, mais non d'aussi pur, d'aussi parfait.

– Mais alors que deviendrai-je, moi?, me dit-elle en levant les yeux.

Je réfléchis un instant, puis, la scrutant gravement, je lui dis :

– Tu as quelque chose?

– Non, ce n'est pas de cela qu'il s'agit, répondit-elle. Toi tu écris, tu es un artiste, mais moi, moi à la fin des fins je vais rester seule, stérile...

Je crus qu'elle pensait à la vieillesse, et de nouveau je ris.

– Tu es si certaine de me survivre?

– Tu veux me faire de la peine, murmura-t-elle en souriant. Je mourrai avant toi. Mais ce n'est pas à cela que je pensais...

– Aujourd'hui tu es pleine de mystères, dis-je pour en finir. Regarde plutôt comme il fait clair dehors...

Je lui tournai lentement la tête vers la fenêtre, sans me rendre compte alors que c'était justement ce soleil frais qui l'avait si profondément troublée.

– Tu ne veux pas me comprendre, me dit-elle. Et pourtant, de tous les hommes que j'ai connus, tu étais le seul...

Je me mis à la taquiner. Bêtement, je le reconnais. C'était donc ça : avant de m'aimer, elle m'avait comparé aux autres, elle m'avait choisi, moi, en tenant compte de certaines de mes qualités, etc. Mais Ileana ne voulait absolument pas plaisanter ce matin-là. Elle secouait sa tête pleine de tourments. Je tentai alors de la tranquilliser à tout prix. Je voulais lui donner au moins un espoir :

– Nous ne sommes qu'au début de notre vie, Ileana, lui dis-je. Tant de choses nous attendent encore. Ou peut-être as-tu peur que je ne puisse t'aimer toujours comme maintenant?

Elle ne me répondit pas; elle me caressait seulement les joues en souriant. Contrarié, je répétai ma question.

– Je ne sais pas, mon chéri, me répondit-elle. Et toi non plus tu ne sais pas...

Sentant que nous sombrions tous deux dans une région obscure, incertaine, dangereuse, j'arrêtai là cette discussion en lui promettant de l'aimer toujours. Je continuais à sourire.

Plus tard, quand nous verrons que nous ne pouvons rester plus longtemps au Ciel, alors...

Elle ne me laissa pas terminer ma phrase. Elle prit ma bouche, humant ma respiration, me noyant dans son corps sans commencement...

Il s'arrêta, fatigué. Hasnas était resté la tête enfouie dans ses mains, sans faire le moindre geste.

– J'ai l'impression que vous ne vous sentez pas bien, dit Mavrodin, essayant de se lever. Si vous voulez, je reprendrai mon récit plus tard...

– Non, continuez, je vous en prie, répondit l'autre avec un geste nerveux de dénégation. Je n'ai absolument rien. Je pensais seulement... Je me rappelais moi aussi... C'est tout, je vous assure...

Son visage s'était durci, son regard assombri. Il cherchait ses cigarettes, en mit une à sa bouche. Ses doigts tremblèrent un instant en approchant l'allumette. Dans la brève lueur Mavrodin vit son front sillonné de rides; sa sérénité, qui l'avait tellement impressionné, avait disparu. Ses lèvres étaient comme meurtries, desséchées.

– Je vous en prie, continuez, répéta-t-il, voyant que Mavrodin hésitait. J'ai seulement été frappé par certaines choses. Rien de plus.

– Vous n'avez pas froid par hasard?

– Non, merci, je me sens bien.

Il avait prononcé ces mots lentement, en les détachant. Mavrodin baissa le front, prit ses mains l'une dans l'autre, les serrant fortement, et après un intervalle, ramassant ses pensées, il poursuivit son récit :

VI

Nous passâmes les vacances de Pâques dans un village de montagne. Nous allâmes tous deux à la messe du Vendredi saint. Lorsque commença l'office des morts elle baissa la tête, enfonçant son menton dans sa poitrine. Je m'écartai un peu d'elle, pour la laisser seule. Je soupçonnais qu'elle éprouvait des émotions diverses, confuses. Je ne pensais pas qu'elle fût très religieuse; à vrai dire, nous ne parlions guère de Dieu ni des choses de l'au-delà ensemble. Je me disais que l'office des morts lui rappelait les prières qu'elle récitait dans sa triste enfance, le soir en se couchant; qu'il lui suggérait l'idée de la mort, qu'il la troublait. Mais quelques instants plus tard je remarquai qu'elle pleurait à chaudes larmes; tout son corps était secoué de sanglots. Depuis le moment que je vous ai rapporté tout à l'heure je ne l'avais plus jamais vue pleurer. C'est comme si son être tout entier avait été ravagé par une grande douleur, une douleur inhumaine. En vain elle appuya son mouchoir sur sa bouche, en vain elle pressa ses doigts autour de son cou : elle ne pouvait retenir ses larmes. Les gens autour de nous la regardaient avec étonnement, émus à leur tour de ce chagrin inextinguible. Comme je m'approchais d'elle, elle saisit brusquement ma main et la serra tout contre elle. Je sentais les soubresauts violents de son corps. Je lui pris tout doucement le bras et la conduisis dehors. Elle marchait comme un automate, le menton appuyé sur la poitrine. Quand nous fûmes dans la cour la fraîcheur de la nuit la réveilla quelque peu. Nous nous promenâmes longtemps dans l'obscurité sans parler. Je la tenais près de moi pour la réconforter.

– Voilà ce qui nous arrivera à tous, dit-elle tout à coup d'une voix basse.

Je ne savais à quoi elle pensait. Je lui répondis quelques mots attrapés au vol.

– Quelqu'un est mort, vraiment mort, ajouta-t-elle plus bas encore. C'est ce qui nous arrivera à tous...

Elle n'avait jamais parlé ainsi de la mort, de la mort concrète. Je fus surpris de sa voix désespérée, de son regard égaré, qui cherchait mes yeux. Mais surtout je pressentais que ce n'était pas la mélodie plaintive de l'office des morts qui l'avait remplie d'une telle épouvante. Dans son corps quelque chose s'était déchiré ou s'était glacé, et la même tristesse intense l'habitait encore lorsque nous fûmes rentrés à la maison; elle ne cessa pas de la nuit, ni le lendemain. Je devinais que pour elle *quelqu'un* était réellement mort cette nuit-là. Le mystère n'était pas venu au-devant d'elle dans l'église : c'est d'ailleurs que ses sens obscurs avaient appris la nouvelle de la mort, et cette nouvelle l'avait renversée.

– Tu as peur?, lui demandai-je, bêtement.

Elle me murmura, plus frissonnante encore :

– J'ai peur de ne pas mourir seule...

Elle s'approcha de nouveau de moi. Elle avait soif de ma présence, de ma présence concrète. Mais son amour alors était pur. Elle s'endormit difficilement. Je sentais près de moi, sur l'oreiller embaumé de mélilot, sa respiration enfiévrée; j'entendais ses soupirs profonds. Puis il y eut un intervalle de calme absolu, irréel. On aurait dit que brusquement la vie s'arrêtait en elle. Elle écoutait de tout son être – des bruits de la nuit sans doute, que moi je ne pouvais saisir.

Le lendemain matin elle se réveilla toute pâle. Une impatience inhabituelle la gagna dans la journée à mesure qu'approchait le coucher du soleil. Je crus qu'elle commençait peut-être à redouter quelque chose d'inconnu. Mais son inquiétude n'avait rien d'étrange. La nuit venue nous attendîmes la cloche appelant à la messe en nous promenant dans une clairière à la lisière du village. Il faisait encore frais; nous marchions serrés l'un contre l'autre. Ileana était assez silencieuse. Puis insensiblement elle se mit à changer. On aurait dit qu'elle se réveillait. Je sentis alors son corps qui frémissait à un autre contact, nourri pour ainsi dire d'un sang nouveau et plus chaud. Nous descendîmes en hâte jusqu'au village, dès que nous eûmes entendu les cloches. Nous arrivâmes à l'église quelques instants avant qu'on allumât les cierges. Tandis que nous avancions on cria autour de nous : « Christ est ressuscité! » Ileana s'arrêta, et me prenant dans ses bras elle m'embrassa sur les joues...

Jamais elle ne me laissa par la suite la questionner au sujet de ces deux nuits-là...

Nous rentrâmes à Bucarest le surlendemain de Pâques. Nous avions décidé de passer les mois de mai et juin à l'étranger. J'avais voyagé jusque-là la plupart du temps seul ou avec quelque amie de rencontre. Je me promettais cette fois de voir d'autres villes, de retrouver aux côtés d'Ileana des lieux qui m'étaient familiers et que sa présence transfigurerait. Je ne voulais pas que nous allions en Allemagne où Ileana avait vécu tant d'années et qu'elle connaissait si bien. J'aurais aimé qu'elle vît certains paysages pour la première fois, à mes côtés. Tout ce qu'elle avait vécu, tout ce qu'elle avait aimé avant que je la rencontre, m'était odieux. Je haïssais Berlin, par exemple, où elle avait passé quatre années; où, peut-être, elle avait eu des amis, où elle avait joui de choses que moi je ne connaissais pas. J'aurais voulu que nous allions dans le Sud de la France, mais elle refusa catégoriquement.

L'endroit ne lui plaisait pas, ne l'intéressait pas, me disait-elle; on y voit trop de gens fatigués, trop de vieillards...

Nous décidâmes alors d'aller en Italie. Une semaine avant notre départ, rentrant de la ville, j'aperçois Ileana en face de moi, sur le trottoir, à côté d'un jeune homme grand et brun. Ils parlaient avec beaucoup d'animation, se querellant presque. Quand elle m'aperçut, elle eut un geste d'effroi et ses joues s'empourprèrent. J'étais là, pantois, sur le trottoir. Puis elle fit quelques pas vers moi, forçant le jeune inconnu à la suivre.

– Je te présente mon frère, dit-elle d'une voix ferme. Un monsieur qui vient me voir une fois par an, et encore il cherche chaque fois à me faire de la peine de toutes les manières...

Très gêné, le jeune homme me serra la main. Ileana m'ayant présenté comme étant « son ami », je ne crois pas que ce fût cette formule qui le troublait, mais plutôt notre rencontre. Comme moi du reste. Car lorsque je les avais aperçus l'un avec l'autre à quelques pas de moi, j'avais cru défaillir. On eût dit que toutes mes certitudes s'effondraient, que d'un coup ma vie perdait tout son sens. Je regardais éberlué. Quand j'entendis dire que c'était son frère je tentai de m'accrocher à cet espoir, à l'idée que c'était réellement son frère, que les choses n'étaient peut-être pas définitivement perdues. Et alors, en le regardant bien, je me persuadai qu'en effet ils se ressemblaient : même visage légèrement allongé, mêmes yeux immenses, même chatoiement du regard. Je balbutiai quelques mots.

– Eh bien, je vous laisse, murmura le frère, très embarrassé.

Il nous serra la main à tous deux, presque sans nous regarder.

– Et essaie d'être sage, lui cria Ileana.

Elle avait retrouvé à cet instant sa voix d'auparavant, elle avait retrouvé son sourire. Comme elle sait bien faire semblant, me disais-je en marchant nonchalamment près d'elle. Une fatigue totale s'était emparée de moi; une fatigue à laquelle se mêlaient le désespoir, l'indignation, le dégoût.

– Qu'est-ce que tu as?, me demanda-t-elle, émue.

– C'est cette histoire au sujet de ton frère, répondis-je. Reconnais qu'elle est assez mal ficelée...

– Andréï!, cria-t-elle, s'arrêtant au milieu de la rue. Elle était blême, elle se mordait les lèvres.

C'est tout juste si je ne pris pas peur en l'entendant. J'avais honte, car des passants étonnés se retournaient. Mais en même temps une joie craintive commençait à s'installer dans mon esprit. Après tout peut-être était-ce vrai. Ce cri était trop sincère. Et cette pâleur inhabituelle, ces lèvres qu'elle mordait inconsciemment. Je lui pris le bras. Elle le dégagea.

– C'est ta faute, murmurai-je. Tu ne m'avais pas dit que tu avais un frère... Tu ne me parles jamais de ta vie, de ton passé...

J'espérais qu'au moins cette fois elle m'avouerait tout, qu'elle me raconterait sa vie en détail.

Je sentais qu'elle se débattait contre ce secret, qu'elle était sur le point de se laisser aller à une grande confession. Mais jusqu'au bout elle résista. Elle me dit seulement que sa mère s'était remariée un an après la mort de son père et avait vécu très peu de temps après ce mariage. Que de ce mariage était né un unique fils, sa mère étant morte en le mettant au monde. Qu'elle voyait ce demi-frère assez rarement, surtout les derniers temps. C'est un détraqué, me dit-elle. Et elle refusa d'ajouter quoi que ce fût.

Je la crus. Ses yeux, sa douleur et son amour ne pouvaient me mentir. Mais je gardai, après cet événement, un goût amer dans tout mon être. J'aurais voulu que nous partions le plus vite possible à l'étranger, pour nous retrouver. La rencontre avec le demi-frère, son refus de m'en dire plus, me rongeaient malgré moi. Elle me dit :

– Tout cela ce sont des choses mortes pour moi. Je n'ai aucune espèce de passé, je ne me souviens de rien...

Cependant, malgré la sincérité de cette confession, toute sorte de pensées absurdes alimentaient encore ma jalousie. Pourquoi diable fallait-il qu'il y ait ces choses mortes et que je les supporte, me disais-je. Sa vie antérieure avait-elle donc été si agitée? Et pourquoi ne rencontrais-je aucun témoin de son passé? Où avait-elle vécu, pourquoi n'avait-elle laissé aucune espèce de trace? Dans ses affaires elle avait quelques boîtes pleines de lettres. Un jour, étant resté seul à la maison, je fus saisi d'une envie folle de briser les couvercles et d'examiner le contenu. C'est avec peine que je me retins.

– Ce qui m'intrigue, dis-je, c'est cette obstination à vouloir passer pour une femme fatale, sans état civil...

Je croyais qu'elle me répondrait, mais elle baissa les yeux et se tut.

– Tu pourrais au moins brûler les derniers documents, lui dis-je en lui montrant les boîtes.

Elle se dirigea alors vers la bibliothèque, sans dire un mot, puis me montra une clé :

– Il n'y a là que des lettres de mes amies de Berlin, me dit-elle. Veux-tu que je te les montre?...

Je fus pris d'un brusque dépit contre moi-même, contre ma stupidité, et cela me mit en colère. Je quittai la pièce :

– Merci, inutile de te déranger, dis-je sèchement.

Quand je sortis de mon bureau au bout de quelques heures, je la retrouvai comme je l'avais quittée, assise sur sa chaise, le regard vide, tenant d'une main la petite clé, de l'autre soutenant son front. Je me mis à regretter tout ce que j'avais fait. Je m'approchai d'elle. Elle entendit mes pas, tourna péniblement la tête. Ses traits étaient infiniment pâles et las. Mais elle s'efforçait de sourire.

– Pardonne-moi, lui dis-je.

– C'est moi qui te demande pardon, murmura-t-elle en prenant ma main et en l'embrassant. C'est ma faute...

Je me rongeai les sangs toute la semaine. Il m'arrivait, marchant dans la rue, de me demander si par hasard son passé ne cachait pas quelque chose de monstrueux, si hormis ce grand amour il n'y avait pas des événements et des drames qu'elle n'aurait jamais le courage de m'avouer.

Comme toujours mes pensées m'emportaient sur des sentiers insensés. Je me disais par exemple qu'Ileana avait peut-être été espionne durant la guerre, ne me rendant pas compte qu'alors elle avait tout juste 14 ou 15 ans. Ou qu'elle était impliquée dans dieu sait quelles affaires de chantage; qu'elle avait été artiste de music-hall à l'étranger. Pourquoi ne voulait-elle pas revoir le Sud de la France, comment se faisait-il qu'elle possédât un tel répertoire de chansons allemandes? Parfois je m'étonnais qu'elle connût tant de choses : des détails de la vie de tel homme dont je prononçais le nom par hasard, une quantité de choses précises se rapportant au sport, à la finance... Comme je la savais très intelligente, et que je me disais qu'elle avait passé quatre années dans une importante légation, ces détails alors ne me frappaient nullement. Mais chaque fois que j'étais pris d'un accès de jalousie, ils s'accumulaient, empoisonnant mon esprit.

... Je me réveillai de cette folie de la jalousie quelques jours avant notre départ. Je l'avais surprise une fois, me regardant en train de lire, et ce regard était plein d'une telle adoration, d'un tel amour, qu'un grand apaisement envahit tout mon être...

... Le voyage que j'attendais comme un bienfait avait donc failli rater à cause d'une scène mesquine et stupide. Qui ne sait, du reste, qu'en amour rien n'est définitif, que cette chose élémentaire : le sentiment d'être aimé, doit être sans cesse vérifiée; qu'un seul doute, une seule erreur, peut transformer tout en folie et en dégoût? Des semaines durant, des mois même, nous avions vécu une telle extase que parfois il me venait la certitude que notre union était un miracle qu'il n'est donné de connaître qu'à quelques rares couples au monde. Et pourtant le souvenir de ce bonheur céleste s'évanouissait dès que sous des prétextes stupides, le doute commençait à se glisser dans mon esprit. Dans ces moments infernaux je jugeais ma bien-aimée comme tout mâle obtus juge la femme avec laquelle il a passé la nuit : avec la même cruauté, le même cynisme, la même démence...

Le premier jour, à peine franchie la frontière italienne, ce fut pour nous deux une révélation. Collés à la fenêtre, tempe contre tempe, nous étions muets de ravissement. Jamais nous n'avons autant communié dans la contemplation d'un paysage. Mais le soir, en arrivant à Venise, j'eus le sentiment de ne plus apercevoir sur le visage d'Ileana le même bonheur. Je crus que peut-être elle était fatiguée, bien que nous nous fussions reposés une nuit à Trieste. Le lendemain son impatience, loin de s'apaiser, augmentait. Elle n'était sereine, elle n'était présente que dans les musées, dans les cathédrales. Place Saint-Marc, la sentant absente, rigide, je lui demandai ce qu'elle avait.

– Je suis déjà venue ici, m'avoua-t-elle. Mais la première fois je n'ai pas visité les musées...

Ni les églises, me dis-je. C'est pour cela qu'elle ne supportait que les musées et les églises. C'est pour cela qu'elle avait sursauté lorsque je lui avais proposé de passer quelques heures au Lido.

– Le Lido est exaspérant, m'avait-elle dit, avec tous ces étrangers, ces snobs...

Nous marchions en silence. Tout d'un coup je pris la direction de la station des vaporetti.

– Préparons nos bagages, dis-je. Nous partons par le premier train...

J'avais fait à peine quelques pas qu'elle se mit à courir après moi et m'attrapa par le bras; sans se soucier de la présence des autres, prenant mon visage dans ses mains elle m'embrassa sur la bouche...

Nous partîmes le soir même pour Pise. Durant quelques jours encore son passé hanta mon esprit. Mais cette fois c'est surtout l'orgueil qui alimentait ma jalousie. Je l'anéantissais avec mes caresses, avec ma présence assommante. Je la sentais se débattre contre cette passion maladive et ténébreuse. Comme elle aspirait à retrouver notre amour d'autrefois, notre amour lumineux! Nous passâmes une semaine à Spezzia. Nous avions trouvé une pension isolée, près du rivage; nous partions en barque chaque matin à la recherche d'endroits aussi éloignés que possible où nous prenions nos bains de soleil. C'est curieux, mais je ne m'offusquais nullement des regards des hommes posés sur Ileana. Il y avait un groupe de jeunes Anglais quasiment collés à nos basques, surtout un jeune homme blond, invariablement vêtu d'un pantalon blanc et d'une chemise bleue aux manches retroussées. On aurait dit qu'une magie inconnue l'attirait vers nous, qu'il avait deviné quel poison mortel corrompait notre union, qu'à chaque instant cette femme qui les troublait tant pouvait briser ses chaînes et s'enfuir seule de par le monde. Vraiment, les yeux d'Ileana trahissaient une grande inquiétude, une lutte exaspérée avec elle-même, et la passion des nuits la consumait sans l'apaiser. Nos corps désormais s'égaraient, cherchant vainement, en une frénésie désespérée, à retrouver l'extase qui les unissait autrefois si parfaitement. Peut-être que cette ivresse ténébreuse de la « chute » donnait à nos traits un éclat qui troublait et attirait les autres.

Ces regards, disais-je, ne me préoccupaient pas. Je n'avais pas peur des hommes en chair et en os, mon orgueil était tourmenté seulement par l'amant inconnu qui m'avait précédé. Mais pourquoi donc Ileana n'avait-elle pu supporter Venise?, me demandais-je. Quelles orgies avaient-ils bien pu connaître tous deux dans cette ville, quels secrets que je ne pourrais jamais pénétrer, qui me resteraient fermés à jamais? Je cherchais de toutes mes forces à lui faire oublier son passé, je m'efforçais de le surpasser, *lui,* l'inconnu qui lui avait révélé presque tout avant moi : l'Italie, l'amour...

Nous échouions parfois en des lieux vierges, où sur le sable, entre les rochers, nous offrions nos épidermes nus au soleil. Je contemplais alors ce corps sans défaut, rayonnant d'une glorieuse maturité, abreuvé à mon amour inquiet. Je la regardais et lui disais, moitié en riant, moitié rongé d'une grande tristesse :

– C'est le prophète David qui disait, si je ne me trompe, qu'il y a deux endroits où l'on ne laisse pas de traces : à la surface de la mer et sur le corps d'une femme...

Le soleil l'inondait, il lui dorait la peau; son corps tout entier respirait lentement, paisiblement. Et mon esprit s'acharnait à découvrir des indices, des *preuves,* dans cette vie qui coulait rythmiquement, sans obstacles, sans angles, sans temps...

Une autre fois, comme nous étions seuls dans une barque, évoquant les manigances insistantes du groupe de jeunes, je lui dis :

– Que caches-tu donc en toi pour attirer avec une telle force? Quand je t'ai rencontrée la première fois, tu étais seulement une femme belle et sage, assise dans un coin à regarder le monde avec un sourire fatigué. Personne ne soupçonnait alors que ton âme et ton corps fussent si parfaits, qu'ils *pussent* être si parfaits. C'est moi qui t'ai révélée à toi-même, c'est moi qui t'ai aidée à te découvrir toi-même. En un certain sens tu es ma création. Si tu ne m'avais pas rencontré tu aurais continué de vivre dans des formes larvaires, médiocres. Tout autre amour que ton amour pour moi aurait été un échec. Tu n'aurais pas pu connaître sur terre une union comme la nôtre...

Se prélassant en plein soleil, à quelques pas de la frontière des vagues, elle m'écoutait, les yeux fermés, avec un sourire triste et résigné.

— Et toi-même, murmura-t-elle au bout d'un moment, aurais-tu pu connaître une autre union comme la nôtre?

Pris tout à coup d'une immense pitié de moi-même, d'une intense nostalgie de ce bonheur que je pouvais perdre à tout instant, je restai muet, inerte...

... Nous passâmes notre dernière journée à Spezzia sur cette même plage isolée et rocheuse. La pensée de notre départ me rappela brusquement que Shelley avait hanté cet endroit la dernière année de sa vie.

— Tu te souviens comment est mort Shelley?, dis-je à Ileana. Le 8 juillet 1822 il s'embarqua avec son ami Hunt pour Lerici...

Je lui remémorai l'histoire. J'étais tout remué. J'avais connu en ces lieux tant d'émotions contradictoires, assailli dans cette nature magnifique par les démons du doute et de la jalousie, que j'en avais totalement oublié la mort de Shelley. Le destin du poète me rappela à mon monde, à notre monde.

Ileana m'écoutait attentivement. Dans la lumière aveuglante la mort me paraissait irréelle. J'avais beau fixer intensément mon regard sur l'immensité de la mer, je n'arrivais pas à concevoir le néant. Ileana avait oublié les détails, comment on avait aperçu la barque de Shelley et Hunt au large de Viei Reggio, comment elle se perdit dans la brume opaque d'une tempête d'été. De nombreux jours plus tard, le corps de Shelley, rejeté sur la rive, fut identifié grâce aux œuvres de Sophocle et aux poèmes de Keats qu'il avait emportés dans sa poche. Puis son corps fut brûlé et un ami lui arracha le cœur sur le bûcher...

Ileana me regardait d'un air inquiet. Elle ne me laissa pas continuer. Elle s'enroula toute tremblante contre moi et chercha ma bouche... Le sentiment de la mort avait troublé son être tout entier, jusqu'à sa dernière fibre. Je la connus alors une nouvelle fois, assoiffée de moi, affamée de mon corps, de ma chaleur, de ma respiration... Après cette étreinte elle revint à elle avec peine.

Je la portai dans mes bras, nue, dans la mer. Ses mollets glissaient dans l'onde, la brise soulevait ses cheveux pleins de sable. Je m'agenouillai à même l'eau, soutenant sa tête sur mon épaule. J'attendis ainsi qu'elle retrouve ses esprits, qu'elle se réveille...

Nous connûmes en Italie deux mois d'un bonheur parfait. Ileana s'était mise à l'italien, et tout le temps que nous fûmes à Rome nous sortions souvent sur la Via Marcella, elle avec son manuel, moi avec un carnet où je cherchais en vain à prendre des notes. Nous nous surprenions parfois à nous regarder l'un l'autre en cachette et alors nous éclations de rire. Nous étions très paresseux tous deux. L'un près de l'autre nous ne savions rien faire d'autre que de chercher nos yeux et de nous embrasser. Rentrant tard le soir, enlacés comme deux fiancés, nous gravissions les marches menant à notre chambre, enfiévrés d'une même impatience. Notre soif l'un de l'autre ne connaissait pas de fin...

... Pourtant, dans ce ravissement continuel, son intelligence était intacte. Je me souviens qu'à Fiesole, comme nous étions assis tous deux au bord du chemin, le dos contre le mur d'une villa, ivres de ciel et d'herbes en fleurs, je lui dis que je voudrais écrire un récit dont l'action se déroulerait à cet endroit.

– Non, me dit Ileana, tu ne pourrais pas décrire *cela...*

Et de son bras nu elle fit un cercle, aussi grand qu'elle put.

– ... Cela paraîtrait artificiel, ajouta-t-elle, cela ressemblerait aux romans de d'Annunzio...

Je me mis à rire et cherchai sa main pour la baiser. Elle avait raison. Jamais je ne pourrai décrire cela...

VII

Cette année-là l'automne fut particulièrement beau et long. Nous le consacrâmes à Bucarest. Je suis l'un des rares Bucarestois qui connaissent et aiment vraiment leur ville. Nous partions vers le coucher du soleil, cherchant des rues où nous n'étions encore jamais passés, nous arrêtant longtemps devant certaines maisons, découvrant des quartiers surgis de terre quasiment en une nuit, retrouvant nos lieux favoris, de petits jardins oubliés de Dieu, des allées solitaires bordées de rosiers grimpants et de volubilis. Cotroceni à lui seul nous occupa deux semaines durant.

Ileana était infatigable. Elle avait un sens de l'orientation infaillible. Elle avait retenu une quantité de détails concrets que sa fantaisie associait de toutes les manières imaginables. Elle reconnaissait certains lieux de loin, à un parfum déterminé, à l'air plus ou moins transparent. Un quartier lui plaisait beaucoup : celui qui s'étend de Foisor à la statue de Pake Protopopescu; certains soirs, quand nous étions dans les parages, elle me prenait le bras et me disait :

— Allons rue Dimitrie Onciul : à cette heure du jour il y a là quelqu'un qui fait une omelette extraordinaire...

Nulle part le ciel ne lui paraissait plus proche de la terre que sur la colline de Cotroceni, et autour de la Cité Universitaire nous nous promenâmes un nombre incalculable de soirs, attirés par le parfum des herbes folles et du sureau. Dans certaines rues on débusquait une quantité de chats. Il y avait aussi le quartier près de l'hôpital militaire, où les bonnes campent de bonne heure devant les portes cochères : chaque soir au coucher du soleil on dirait que c'est dimanche. Je croyais que s'étant absentée tant d'années de la capitale, ayant connu l'Italie, Ileana trouverait Bucarest morne. Mais elle avait appris à aimer sa ville exactement comme moi. Elle la découvrait jour après jour, s'éprenant de la mélancolie de ses crépuscules, de la limpidité irréelle de son ciel, de ses vieux trottoirs, usés par la pluie... Il y a tant et tant de nuances de violets et de gris cendrés dans certaines rues, et le trot des chevaux d'attelage y rend un son si clair que le cœur se serre à la pensée que ces oasis de mélancolie et de silence disparaîtront un jour noyées dans le grand fleuve du progrès.

Rencontrant de petits jardins d'été attardés nous y faisions une halte. Leur vulgarité sans retenue était purifiée maintenant par l'automne, et les odeurs de cuisine choquaient moins lorsque la brume du soir descendait avec sa mélancolie étrange et frissonnante. Et puis c'était partout une débauche de fruits : des raisins, des prunes; partout flottait un parfum de moût, de vin nouveau, toutes choses si peu urbaines, chargées de baumes, de sucs venus d'ailleurs. Nous butions parfois dans les rues contre des tonneaux renversés, des paniers, des caisses croulant sous les fruits. Nous aimions tout, même l'Obor où la poussière sentait la plaine du Baragan, même la Dambovitsa avec ses rives vertes, tachées seulement de petites fleurs jaunes, et lorsque nous étions près des usines Lemaître, nous nous sentions attirés tous deux par l'odeur de fumier brûlé où perçait le souffle des champs vierges...

Vers la mi-octobre de nouveau l'inquiétude me gagna. Les journées de pluie et de brouillard, les devantures des librairies avec leurs livres neufs, les revues littéraires nouvellement parues, tout concourait à réveiller mes nostalgies, mes ambitions assoupies. En dehors du court intervalle du début du printemps je n'avais presque plus rien écrit depuis très longtemps. J'étais habitué jusque-là à travailler au moins quatre mois de l'année; le reste du temps je lisais, prenais des notes, fréquentais cercles et spectacles, faisais la connaissance d'une amie, me séparais d'une autre. Car j'avais mené jusque-là une vie libre de jeune artiste. Avec Ileana j'avais réussi, quasiment sans m'en rendre compte, à renoncer à une foule d'habitudes ou de relations, mais avec les premiers jours de cet automne pluvieux la démangeaison d'écrire refit surface. Je savais d'avance combien ce labeur serait pénible. Je savais que je resterais des jours et des nuits d'affilée enfermé chez moi, à consumer ma jeunesse, à me torturer, éternellement insatisfait de mon ouvrage. N'en étant plus à mon premier livre, je connaissais toutes les phases de la création : après l'inquiétude préliminaire, après l'isolement presque total de ce qui m'entourait, venait une envie d'écrire frénétique, qui s'apaisait cependant au bout des premiers jours. Vers la fin du livre le travail devenait annihilant, je ne ressentais plus aucune joie en présence du manuscrit, et l'instant où il me fallait m'asseoir à ma table de travail me déprimait. Mais en même temps le charme ne pouvait plus être rompu. J'étais l'esclave de ma propre imagination et malgré toute la résistance dont mon être était capable, je finissais toujours par m'incliner. Je restais alors courbé sur mes feuillets jusqu'à l'épuisement total, ma seule pensée étant de finir mon livre le plus vite possible, d'échapper à cette obsession, de devenir de nouveau libre, jeune, bien portant...

Ileana devina tout de suite mon inquiétude. Dès que le paysage eut cessé de m'attirer et que nous fûmes contraints de passer presque tout le temps à la maison, je restai des heures entières dans mon bureau, à fumer les yeux mi-clos...

– C'est le démon qui te saisit, disait-elle en riant.

Je m'étonnai que cette fois mon envie d'écrire ne la rendît pas triste. Au contraire, il me sembla qu'elle m'encourageait et m'aidait à m'isoler, à rester seul le plus longtemps possible. Elle s'inscrivit à un cours d'italien, et elle restait assise des heures entières près de la fenêtre, son livre sur les genoux, notant des mots et traduisant. Elle faisait cela comme si elle avait désiré elle aussi ne pas être dérangée.

Je savais pourquoi elle s'était découvert cette nouvelle passion. C'était pour que la pensée de la laisser seule de si longues heures du jour et de la nuit, ne me pesât pas. Ce qui ne l'empêchait nullement de prendre soin de moi comme avant; elle préparait mon café avec la même exactitude, me l'apportant à heure fixe, car elle s'en serait voulu de me déranger dans mon travail. Elle entrait sur la pointe des pieds et posait le plateau à côté de moi avec précaution, comme si elle avait eu peur de me toucher. Le soir, s'habillant sans rien me dire elle allait préparer mon repas, car durant cette période je ne sortais jamais, même pour me rendre à la pension. Elle revenait en silence, posait les couverts discrètement, et avant de m'appeler à table, elle m'observait du seuil de la porte, s'assurant qu'il ne fallait pas attendre encore quelques minutes pour me laisser terminer une page...

A table je parlais peu, car je ne pouvais me défaire sans transition des images qui absorbaient mon esprit un instant avant. Quant à elle elle faisait semblant d'être soucieuse, pour me laisser pleine liberté. La nuit elle lisait toujours en m'attendant, même lorsque je travaillais très tard. Je la retrouvais toute chaude; une légère fatigue ombrait ses yeux; elle était en même temps apeurée et heureuse de me voir retourner auprès d'elle. Le livre dont je parlais plus haut me donna beaucoup de mal. Je revenais d'une vie trop pleine pour pouvoir bien écrire. Et aussi, sans bien m'en rendre compte, je redoutais le jugement d'Ileana. Je voulais écrire selon son goût à elle : sobrement, clairement et néanmoins pathétiquement.

Cet enfer dura jusqu'au début de l'hiver. Je me réveillai un jour, éreinté, usé jusqu'à la corde, dégoûté du manuscrit informe qui s'entassait sur ma table de travail. En un instant j'interrompis mon travail et retrouvai ma vie de l'hiver précédent...

... Nombre de nos amis nous avaient oubliés. Je rencontrais parfois certains d'entre eux dans la rue, dans les librairies. Je me remémorais alors ma vie antérieure; mes libertés d'autrefois me paraissaient fades; mes aventures, insignifiantes. Un jour je tombai sur un camarade assez âgé que je n'avais pas revu depuis longtemps. Il s'étonna de me trouver si changé.

– Je suis heureux, lui dis-je...

– Mais je ne vois plus ton nom nulle part, ajouta-t-il. Tu n'as annoncé aucun nouveau livre... Qu'est-ce qui t'est arrivé?

– Je travaille, répondis-je machinalement...

Il sourit et me donna une tape sur l'épaule. Puis il m'expliqua qu'il avait une théorie : la majorité des Roumains deviennent des ratés à l'arrivée de la maturité. Ils sont géniaux dans leur enfance, brillants dans leur adolescence, ratés dans leur maturité.

– Alors, fais attention toi aussi, lui dis-je en riant.

Mais cette rencontre m'avait troublé. Je la racontai à Ileana. Elle demeura pensive.

– C'est vrai, dit-elle, les yeux baissés. Depuis que nous sommes ensemble tu n'as rien écrit. Tout le monde va penser que c'est à cause de moi.

Je ne sais pourquoi ses paroles me firent de la peine et pourquoi j'éprouvai le besoin de protester :

– Mais tu sais bien que c'est faux, j'ai pas mal écrit depuis que nous nous connaissons, lui dis-je.

– Tu as écrit, certes; mais tu n'as rien terminé, répondit-elle en levant les yeux, cherchant mon regard. C'est tout de même curieux...

– Je suis devenu plus exigeant envers moi-même, balbutiai-je.

Cette remarque me rendit soucieux. Certes, il était exact que je n'achevais rien, mais jusque-là Ileana ne m'avait pas tellement posé de questions sur mes livres, elle n'était guère inquiète de voir que je ne recopiais pas mon manuscrit et ne préparais rien pour l'impression. Bien au contraire, c'est ma soif d'écrire qui d'abord l'avait tourmentée. Je ne pouvais oublier que tant de fois, au début, elle avait souri tristement en me voyant pensif. « Je vois que tu t'éloignes encore de moi », me disait-elle... Et voilà que maintenant, après avoir supporté et presque encouragé mon travail littéraire pendant deux mois – durant lesquels j'étais perdu pour elle des jours d'affilée – elle me disait qu'elle trouvait curieux que je ne termine pas ce que j'entreprenais...

– Et puis je suis encore très jeune, ajoutai-je

d'une voix assurée. J'ai tout le temps de terminer mes livres...

Soudain triste elle s'éloigna de moi et se dirigea vers la fenêtre.

– C'est vrai, murmura-t-elle. Tu es très jeune, tu as le temps...

Ces mots, qui alors me parurent naturels, je ne les compris qu'au bout de plusieurs semaines. Je m'approchai d'Ileana pour la prendre dans mes bras et l'embrasser. Je n'avais pas la force de supporter ce silence.

– Il neige, dit-elle, me montrant du doigt les flocons qui tombaient.

Je collai ma joue contre son visage et lui dis pour l'apaiser :

– Tu sais pourquoi je ne peux terminer aucun livre? C'est parce que toutes mes héroïnes te ressemblent; je n'ai pas le courage de te décrire, de faire de la littérature avec notre amour...

Elle se mit à rire, fermant à demi les yeux : on aurait dit qu'elle aiguisait son regard pour mieux me pénétrer.

– Et on ne peut pas écrire sans personnages féminins?

– Si, mais ce n'est pas intéressant, lui dis-je.

Elle resta pensive quelques instants.

– Cela veut dire que tu ne pourras rien écrire de définitif tant que durera notre amour, dit-elle tout bas.

Je ne m'attendais pas à une telle réponse. J'avais un sourire gêné.

– Tu ne m'as pas bien compris, répliquai-je.

Un moment viendra où je pourrai parler de toi sans faire de la littérature...

Approchant de nouveau son front de la vitre, elle me montra de la main les lourds flocons de neige.

– L'hiver est arrivé, dis-je pour rompre le silence.

– Oui, il est arrivé, répondit-elle.

Je ne tirai plus une parole d'elle de l'après-midi. Elle était soucieuse, et plus le soir approchait, plus elle était inquiète. Mais le lendemain nous avions oublié cette conversation – ou du moins il me sembla qu'elle l'avait oubliée elle aussi. Nous passâmes la matinée à Baneasa à nous promener dans la neige fraîche. Puis vinrent les fêtes. Nous avions décidé de fêter Noël à Bucarest. Nous partirions pour Predeal le 8 janvier. Ileana commençait à s'affairer. Nous sortions en ville chaque soir pour choisir des cadeaux. Je ne l'avais jamais vue aussi impatiente, aussi enfantine. Elle s'attardait dans les boutiques de jouets, serrant nerveusement mon bras. C'est elle-même qui choisit le sapin de Noël et elle passa tout un après-midi à le couvrir d'ornements. Enfermée dans la pièce encombrée de boîtes et de paquets, elle refusa de me laisser entrer tant que son œuvre ne serait pas achevée.

Je me disais que toutes ces choses lui rappelaient sa triste enfance. Je me disais aussi que, si elle attendait Noël avec tant d'impatience, c'était parce qu'elle avait longtemps séjourné en Allemagne. Et de nouveau j'aurais voulu par l'intensité de mon amour effacer toute trace de ce passé. J'allais et venais dans ma chambre, attendant que la porte s'ouvre. Nous avions décidé de passer la nuit de Noël tête à tête, jusqu'à minuit, après quoi nous irions chez Alexandre.

Le sapin fut terminé au moment même où retentissaient dehors les premiers chants de Noël. Dans ma joie, je voulus prendre Ileana dans mes bras, mais elle se dégagea avec légèreté et courut ouvrir toutes les portes. L'année précédente, habitant alors dans un immeuble, elle n'avait pu recevoir les petits chanteurs; elle m'avait dit plusieurs fois combien elle le regrettait. Resté seul, j'examinai le sapin chargé de présents : quelques paquets portant le nom de nos amis, un stylo en or pour moi; sous le sapin, de nombreux jouets. Je ne saisissais pas très bien, souriant d'un air vague. C'est alors que je me rappelai brusquement que je ne lui avais rien acheté, et ceci me chagrina. Au même moment je l'entends revenir. Un groupe d'enfants des faubourgs étaient sur le seuil. Ils se mirent à chanter. Ileana s'approcha de moi et me prit le bras. Son visage entier était illuminé d'un bonheur inhabituel, trop simple. Je lui murmurai en me penchant :

– Tu sais que je ne t'ai rien acheté?

Elle secoua la tête et appliqua son doigt sur mes lèvres : je crois qu'elle voulait que je la laisse écouter le chant.

– Tu me pardonnes? lui demandai-je, me penchant de nouveau vers elle.

Elle me serra le bras en tremblant. Je lui

montrai le stylo qu'elle m'avait offert et lui dis ·

– Cette fois je n'ai aucune excuse : il faut que je termine mon livre...

Elle me quitta pour aller distribuer quelque argent aux enfants. Je pensais qu'elle leur offrirait aussi des jouets du sapin quoiqu'ils fussent trop grands et trop précieux pour eux. Mais Ileana ne leur donna que de l'argent et des fruits.

Quand nous nous retrouvâmes seuls, je l'embrassai en lui demandant pardon encore une fois :

– Si au moins j'avais été assez riche pour t'acheter une bague comme je voudrais...

– Tu ne pourras jamais m'offrir plus que tu m'as déjà donné, répondit-elle.

Je croyais évidemment qu'elle pensait à notre amour. Je lui demandai en riant ce qu'elle comptait faire de tous ces jouets. Elle me répondit mystérieusement :

– Nous allons en avoir besoin...

Nous nous approchâmes de nouveau du sapin. Nous éteignîmes les lumières électriques et Ileana commença à allumer les bougies. Elle était très émue. Nous regardions, serrés l'un contre l'autre. A ce moment de nouveaux chanteurs se firent entendre.

– Et tu es heureuse maintenant? lui demandai-je – bêtement, comme le font tous les amoureux.

Elle ne répondit pas. Elle me regarda seulement dans les yeux :

– Te souviens-tu de ta promesse du printemps

dernier? me demanda-t-elle après un silence, d'une voix à peine audible.

Je ne m'en souvenais pas. Du reste, je ne faisais aucun effort pour cela. Je pensais qu'elle me le dirait elle-même. Mais on entendit des pas dans l'escalier; Ileana courut en hâte ouvrir la porte. Les chanteurs étaient plus nombreux cette fois et mieux habillés. Un chœur de lycéens, sans doute. Ils entrèrent dans la chambre et se collèrent l'un après l'autre contre le mur. Ils entonnèrent tout à coup :

Aujourd'hui est né
Un enfant du Saint-Esprit...

Ils chantaient très discrètement, d'une voix presque étouffée, n'osant pas nous regarder; Ileana chercha ma main et se mit à la caresser avec douceur.

– Qu'est-ce que je t'ai promis?, lui demandai-je tout bas.

Elle ne me répondit pas, mais lorsque les enfants eurent attaqué un autre chant elle me montra le sapin des yeux. Je compris, et une frayeur extrême me serra le cœur. Ce n'est pas possible, me disais-je, non, ce n'est pas possible. Je sentais que tout serait alors définitivement changé, que quelqu'un en moi mourrait à la naissance de mon enfant. Mais il était au-dessus de mes forces de résister en cet instant. Je l'aimais trop, et Ileana était si émue. Et puis, la nuit de Noël, les chanteurs...

Je sentis qu'elle cherchait mes yeux, qu'elle voulait saisir ma pensée. Mais je m'entêtais à fixer le sapin d'un air absent. Je voyais très confusément les décorations; mon regard rencontra de nouveau les jouets et j'eus un léger sursaut de dépit – à vrai dire j'étais plutôt embarrassé qu'irrité. Lorsque les enfants eurent cessé de chanter et qu'ils furent partis l'un après l'autre, Ileana me demanda :

– Maintenant tu te rappelles?

Je me rappelais très clairement la scène du printemps. Je me rappelais aussi ses paroles frémissantes d'alors.

– Mais je ne pensais pas que nous allions nous fatiguer si vite, dis-je en arrangeant une bougie au milieu du sapin.

Ileana s'approcha de moi; elle était pâle :

– Que veux-tu dire?, me demanda-t-elle.

Je ne répondis pas immédiatement. Je fis semblant d'être occupé à redresser cette bougie, de peur que le sapin tout entier ne prenne feu.

– Tu me promis alors que tant que notre amour ne serait pas fatigué nous n'aurions besoin de rien d'autre, dis-je calmement... Moi je ne suis pas encore fatigué, ajoutai-je, me forçant à sourire.

Ileana se suspendant à mon cou se mit à me caresser le visage.

– Mais moi je n'en peux plus, dit-elle tout émue, je n'en peux plus...

Je l'embrassai, m'efforçant de retrouver la chaleur et l'amour d'autrefois.

– Et je n'ai même plus tellement de temps

devant moi, ajouta-t-elle sans attendre. Qui sait ce qui peut arriver, à tout moment, tous les jours...

Elle était bouleversée, et son trouble me gagnait, je ne sais par quelles antennes invisibles. J'allais lui dire quelque chose de gentil, une parole chaleureuse, une parole d'amour, pour la consoler, la tranquilliser. Mais on entendit d'autres pas dans l'escalier; cela me contraria, j'aurais voulu qu'elle ne reçoive plus de chanteurs. Ileana courut à la porte. De nouveau des enfants aux joues rougies par le gel, qui n'osaient pas entrer dans la pièce à cause de la semi-obscurité, car il n'y avait d'autre lumière que celle des bougies du sapin. Ils entonnèrent un chant triste aussitôt après avoir présenté leurs vœux, un chant qui n'avait rien à voir avec la fête de Noël. J'étais assis sur le canapé, la tête pleine de pensées confuses. Ileana s'approcha de moi :

– Quelle idée ont-ils eue de chanter cette chanson?, me chuchota-t-elle.

– C'est une belle chanson, répondis-je tout bas.

– Les chants de Noël sont plus beaux, dit-elle, inclinant le front. Les chants anciens qui racontent...

Je sentis avec une précision poignante l'effort qu'elle faisait pour ne pas terminer sa phrase : « la naissance du Sauveur ». Je ne répondis rien. J'étais envahi par une tristesse incompréhensible, par une grande lassitude. Mais comme l'image d'Ileana restait présente dans mon désarroi!

Le chœur ayant terminé son travail attendait sa récompense. Ileana baissait la tête, moi j'étais sur mon canapé, sans réaction; il y eut quelques instants d'un silence pénible. Alors nous eûmes droit à un second chant, plus gai que l'autre; les enfants essayaient de le chanter à trois voix, mais n'y arrivaient pas.

— Tu comprends, toi tu pourras *toujours* créer, me dit tout à coup Ileana, en appuyant sur le mot « toujours ». Et plus tu prendras de l'âge, mieux tu écriras...

J'aurais voulu l'interrompre, mais je n'en avais pas le courage; j'étais incapable du reste de prendre une décision quelconque. On aurait dit que la fatigue m'engourdissait de plus en plus. Je ne me demandais même pas ce que les enfants allaient penser; il est vrai qu'ils nous voyaient à peine dans la pénombre. Je sentais que quelque chose se brisait en moi, qu'un grand, un dangereux changement me menaçait.

— Peut-être penses-tu à *autre chose*, reprit Ileana, sans lever ses yeux rivés sur le tapis.

— Non, répondis-je simplement, je ne pense à rien.

Ileana se leva brusquement et s'approcha du chœur, hésitante. Elle attendit que le chant fût terminé. Puis elle ouvrit un tiroir où l'argent était préparé et se mit à le distribuer. Les enfants n'osaient pas partir. Pour sortir de leur embarras, ils lancèrent un bruyant « Bonne année à tous! »... Ce souhait me parut incongru et je me levai à mon tour, m'approchant de la porte, un sourire forcé aux lèvres. Je voulais leur dire quelque chose et leur demandai au hasard :

– Dans quelle classe êtes-vous?

Quelques-uns répondirent à mi-voix. L'un d'entre eux, plus grand que les autres, me dit d'un air gêné :

– Moi je vous connais... J'ai lu l'une de vos œuvres...

J'eus tout à coup envie de rire. Non parce qu'il savait mon nom, mais à cause de la formule polie qu'il avait employée : « l'une de vos œuvres »... Ileana riait elle aussi. La porte refermée, elle se planta devant moi :

– Moi je n'ai rien à montrer, dit-elle.

Je la pris alors machinalement dans mes bras, et me mis tout à coup à parler pathétiquement, ému comme si j'avais lutté pour ma liberté, pour la défense de tout mon être. Une nouvelle fois je lui expliquai que l'artiste ne doit créer que dans son art; que nous deux, c'était quelque chose à part; que nous ne pouvions nous opposer à la volonté du destin, qui nous avait choisis pour une autre sorte d'union. Elle m'écoutait, silencieuse et effrayée, comme toujours. Elle ne pouvait me résister, je le sentais, et cela me rendait, je crois, encore plus frénétique.

– Est-ce que je ne te suffis pas?, lui demandai-je.

Pour toute réponse elle m'embrassa.

– En ce cas, dit-elle tout bas, Noël est venu en vain...

– Tu crois peut-être, lui dis-je d'une voix forte, au bout d'un moment, que j'ai *peur*, que je suis incapable de m'attacher à toi, que je ne veux pas? Eh bien, pour te le prouver...

Ileana se dirigea vers le sapin.

– Il se fait tard, dit-elle. Il faut allez chez Alexandre.

Et elle éteignit les bougies.

VIII

Cette soirée fut l'une des plus déprimantes de ma vie. Nous arrivâmes bien avant minuit. Nous étions parmi les premiers invités, et cet appartement où nous nous étions connus un an auparavant me paraissait maintenant trop grand et trop triste. Nous nous assîmes sur un canapé. Ne sachant quoi dire je demandai un verre de vin. Je pensais qu'en m'étourdissant je chasserais ma tristesse. Et pourtant, me disais-je, que c'est simple d'être heureux; qu'il nous est facile, à Ileana et à moi, d'être heureux...

– Qu'est-ce que vous avez? nous demanda Alexandre.

– Rien, répondis-je. Ileana a couru toute la journée et elle est fatiguée.

Je vidai mon verre et en demandai un autre. Ileana me regarda avec effroi. Je me dis que me voyant si malheureux elle me comprendrait, qu'elle renoncerait à me rappeler la promesse que je lui avais faite. Plus tard je réaliserais que je n'étais alors qu'un cabotin et un poltron, mais sur le moment je pensais : Ileana voit combien je suis malheureux, combien je suis triste. Elle sait que je ne peux vivre qu'en restant artiste. Et peut-être qu'en fin de compte elle m'acceptera ainsi, comme elle l'a fait jusqu'à maintenant...

Effectivement, lorsque j'eus vidé mon troisième verre et que je me levai pour m'en verser moi-même un quatrième, Ileana se coula jusqu'à moi et me retint par le bras.

– Andréï, me dit-elle tout bas, très émue, pardonne-moi de t'avoir fâché.

– Mais je ne suis pas fâché du tout, dis-je avec une certaine volupté. Ce qui devait arriver est arrivé. Tu n'y es pour rien...

Elle devint semble-t-il plus pâle encore.

– D'où le sais-tu? me demanda-t-elle.

En réalité je n'en savais rien. J'avais dit cela comme ça, à tout hasard. Mais sa réplique m'interloquait.

– Je le crois, répondis-je sèchement.

Puis après une pause j'ajoutai avec brutalité :

– Mais cela n'a aucune importance!...

Et je vidai mon verre d'un trait. Ileana se mordit les lèvres.

– Pardonne-moi, répéta-t-elle tout bas.

Au même instant un nouveau groupe d'invités entra dans la salle à manger. Celle-ci maintenant était pleine. Le maître de maison commença à allumer les bougies du sapin. Ileana et moi le regardions faire, hébétés.

– Notre sapin à nous est plus beau, me chuchota Ileana, s'approchant de moi. N'est-ce pas?

– Oui, lui dis-je. Et je cherchai ses yeux.

Ils étaient pleins de larmes. Sans doute paraissais-je ému moi aussi, car Ileana me sourit avec un amour infini. Je pris sa main et la baisai. De nouveaux couples entraient dans la pièce. Une dame s'approcha et me demanda :

– Qu'est-ce qui vous arrive? On ne vous voit plus nulle part...

Manifestement elle faisait semblant de ne pas remarquer Ileana.

– Je ne sais si vous vous connaissez déjà : ma fiancée...

J'avais dit cela surtout parce que je m'étais senti humilié par le regard indifférent qu'elle avait jeté sur Ileana.

– Extraordinaire! s'exclama la dame, feignant la surprise.

Ileana avait un sourire forcé. Comme elle sait bien se maîtriser, pensais-je.

– Alexandre, s'écria alors la dame, pourquoi ne nous aviez-vous rien dit?

En quelques instants tout le monde s'agglutina autour de nous pour nous féliciter. Oubliée la fête de Noël. Alexandre nous embrassait avec émotion.

– Enfin! s'exclama-t-il. J'ai découvert l'épouse d'un génie!...

Ileana se mit à pleurer, la tête penchée comme à son habitude. Elle était très pâle, ses lèvres tremblaient, elle n'arrêtait pas de se tordre les mains. Je tentai de rompre le cercle qui nous oppressait :

– Elle est très fatiguée, expliquai-je.

– Comment cela?, dit quelqu'un. Elle pleure de bonheur!...

Alexandre déboucha du champagne. Tous trinquèrent à notre santé. J'étais assis à côté d'Ileana, la tenant par la taille.

– Silence, silence! cria une demoiselle du seuil de l'autre chambre.

Tous tournèrent la tête : l'Hymne nuptial de *Lohengrin* retentissait sur le phono. Un air de solennité étrange descendit dans le salon, dont personne ne savait comment il fallait le prendre. A un moment donné quelqu'un se mit à applaudir; toute l'assistance l'imita.

– C'est moi qui les ai rendus heureux, répétait Alexandre.

Il avait lui aussi les larmes aux yeux.

– Il faudra nous écrire tout cela dans l'un de vos prochains livres, disait la dame qui avait été la première à apprendre la nouvelle.

Nous nous mîmes à table. Ileana et moi étions aux places d'honneur. Un chœur d'étudiants chanta durant à peu près une heure. Longtemps Ileana lutta pour ne pas éclater en sanglots. Tard, alors que la fête battait son plein, elle me fit un signe pour me faire comprendre qu'elle n'y tenait plus. Nous filâmes à l'anglaise comme l'année précédente, en passant par la salle de bains. Nous descendîmes l'escalier, un peu ivres, presque malades. Dans le taxi Ileana se mit à pleurer. Je ne savais comment la consoler, la calmer. Je soupirais et dans mes rares instants de lucidité je me disais :

mais qu'est-il donc arrivé? Qu'a-t-il pu arriver? Je ne comprenais rien. Je sentais seulement que quelque chose quelque part s'était brisé, irrémédiablement; que quoi que je fisse je ne connaîtrais plus jamais le bonheur du début. Le temps lumineux qui s'était écoulé depuis notre première rencontre jusqu'à l'instant où Ileana était allée éteindre les bougies de l'arbre de Noël, me paraissait infiniment lointain. Un paradis perdu...

Lorsque nous fûmes seuls dans notre chambre Ileana s'étendit sur le canapé. Exténuée et comme frappée de mutisme, elle n'avait même pas la force d'enlever son manteau. Je voulus l'aider, mais elle me supplia d'un geste de ne pas m'approcher d'elle. Au bout d'un moment je me dis qu'il fallait tout de même que je tente une explication.

– Je ne comprends pas pourquoi cela te chagrine tellement que je t'aie présentée comme ma fiancée, lui dis-je. J'avais du reste depuis longtemps cette intention. Et si tu ne m'avais pas interrompu, je te l'aurais dit d'abord à toi ce soir même lorsque tu es allée éteindre les bougies...

Elle ne répondit rien. Elle gisait sur le canapé, absente, presque endormie.

– Peut-être que cette nouvelle t'attriste, ajoutai-je en m'approchant d'elle.

Je m'agenouillai auprès d'elle, appuyant mon front sur sa poitrine.

– Qu'est-ce qui est arrivé?, demandai-je encore, d'une voix blanche.

Elle ouvrit les yeux et eut un sourire triste.

– Moi aussi je voulais te le dire aujourd'hui. Mais je n'ai pas eu le courage.

Je commençais à comprendre. Je souffrais tellement de la tristesse qui nous étreignait tous deux, qu'il m'était indifférent de savoir ce qui allait arriver après. Je voulais que la nuit s'achève d'une façon ou d'une autre, que nous retrouvions enfin la paix.

– Cela ne fait rien, dis-je. Et puis ça suffit comme ça...

Mais j'avais probablement une expression si résignée, ma voix était si fatiguée, qu'Ileana enfouit ses yeux dans ses mains :

– Mais pas comme ça, murmura-t-elle. Pas comme ça, non...

Nous passâmes les fêtes de fin d'année en nous appliquant de toutes nos forces à paraître l'un envers l'autre gais et de bonne humeur. Mais nous étions troublés, inquiets, comme si nous avions redouté un grand danger, une catastrophe. J'attendais avec fièvre que nous partions pour Predeal. J'espérais que là-bas toutes les ombres se dissiperaient, que toutes nos inquiétudes disparaîtraient. Un matin, peu avant le nouvel an, je lui demandai si elle était prête à partir.

– Moi je ne veux pas partir, répondit-elle, gênée. J'ai pris une décision avec le docteur; j'entre en clinique demain...

Abasourdi, je lui saisis le bras, du geste de quelqu'un qui veut vous arrêter, vous empêcher de faire quelque chose.

– Il est trop tard maintenant, dit-elle tout bas, en baissant les yeux.

Nous restâmes tous deux sans parler un long moment. Ni l'un ni l'autre n'avait le courage de rompre le silence. Que pourrais-je lui dire?, me demandais-je. Je ne comprenais pas très bien ce qui arrivait. Quand avait-elle vu le docteur? Quel besoin avait-elle d'aller en clinique? Pourquoi justement maintenant, en pleines fêtes?

– C'est absolument nécessaire?, dis-je au bout d'un moment, faute de mieux.

Elle fit « oui » de la tête. Son visage avait énormément changé les derniers jours. Son front avait perdu sa lumière. Ses yeux étaient sans cesse absents. Sa grande bouche rouge s'était décolorée.

– Il y a quelque chose de grave?, demandai-je.

L'éternelle lâcheté du mâle dominait de nouveau en moi. Je voulais à tout prix préserver ma quiétude, avoir la certitude que rien de grave n'arriverait, qu'elle ne souffrirait pas trop à cause de moi. En un mot, je voulais, sans trop m'en rendre compte, décliner toute responsabilité.

– Non, ce ne sera rien, dit-elle, me caressant comme un enfant qu'on veut rassurer.

Elle dégagea doucement son bras, s'éloigna de moi. J'étais là, seul au milieu de la pièce, hébété, ne pensant à rien. J'allumai une cigarette. Elle m'entendit et tourna la tête.

– Ne fume pas tant...

Je m'assis au bord du lit. Il est trop tard, disait-elle. Pourquoi trop tard? Qu'était-il arrivé? Que pouvait-il arriver encore?

La nuit fut terrible. Ileana avait peur de moi, elle me fuyait presque; en même temps elle s'efforçait de me calmer, de me consoler.

– Pourquoi n'essaies-tu pas de faire quelque chose?, me dit-elle, voyant mon agitation. Lis.

Croyant qu'elle voulait rester seule je passai dans mon bureau. Mais je n'avais le cœur à rien. J'étais saisi par la même étrange inquiétude. En vain je cherchai à la chasser en imaginant comment je pourrais faire pour organiser le mariage à l'insu d'Ileana. Nous partirions ensuite en Suisse pour quelques mois. J'essayais de fixer mon esprit sur des détails concrets : n'ayant plus tellement d'argent, il faudrait que j'emprunte à l'une de mes sœurs. Mais aucun paysage imaginé, aucun voyage en esprit ne pouvait m'apaiser.

... Elle ne me laissa pas l'accompagner, me donnant seulement l'adresse de la clinique. Évidemment je pouvais lui rendre visite chaque jour. Après son départ, je flânai par les rues, sans but. Finalement j'allai à la clinique et demandai à parler au docteur. Il me fit attendre pas mal de temps avant de me recevoir. Je commençai par balbutier quelques excuses : un voyage urgent, mes études, des circonstances imprévues. Il me rassura : elle n'avait rien de grave.

Je la vis le lendemain. Elle souriait. J'étais paralysé par l'émotion, le remords. Je lui avais apporté un bouquet de lilas blanc. J'étais là, assis à son chevet, intimidé, gauche. En partant je lui dis :

– Tu sais, il vaut mieux que nous allions quelque part, au Tyrol par exemple...

Elle ne répondit pas, mais elle me tint longtemps la main, en la caressant. Je partis la tête pleine d'une quantité de bonnes pensées. Désormais je ne la ferais plus jamais souffrir, je la rendrais totalement heureuse... Quand je revins le lendemain on me dit que je ne pouvais pas la voir; elle avait subi une intervention chirurgicale au cours de la nuit. Je crus un instant que tout s'écroulait autour de moi. Je m'assis sur une chaise. J'entendis une voix lointaine qui me disait :

– Il n'y a rien de grave...

Je me répétai ces mots machinalement et partis sans savoir ce que je pourrais faire jusqu'au moment où nous nous reverrions. J'allai voir Alexandre. Je lui dis qu'Ileana était en clinique. Puis je lui demandai sans attendre s'il consentait à être témoin à notre mariage. J'étais très nerveux et la fièvre commençait à me gagner.

– Que vous est-il arrivé?, me demanda-t-il brutalement.

Je restai pensif quelques instants. Il me semblait avoir entendu cette question, mais je n'étais pas certain que ce ne fût pas une illusion due à la fatigue, ni de ne pas avoir l'impression de revivre une scène vécue longtemps auparavant, que je ne parvenais pas à identifier.

– Mais toi aussi tu es malade, me dit Alexandre en me prenant la main. Tu as de la fièvre...

Je secouai la tête, mais en effet à cet instant je me sentis comme transpercé par un accès de fièvre. Je partis. Dehors il faisait un gel à pierre fendre. J'avais peur de rentrer à la maison. J'étais seul mais l'image d'Ileana me suivait partout et cette présence obsédante m'anéantissait. Je dus finalement rentrer. En chemin je me rappelai qu'un personnage de l'un de mes livres se nommait Margareta. Ce détail me hantait sans que je pusse lui trouver le moindre sens. Margareta : ces quatre syllabes résonnaient dans ma tête. Puis tout à coup je me souvins de la Margaretha de *Faust.* Oui, c'est elle, me disais-je, elle a tué son enfant. Elle l'a tué par peur, par honte. Mais Ileana, elle, n'a peur de personne, elle n'a pas honte. Il est arrivé autre chose. Certainement autre chose. Elle n'a rien à se reprocher. Elle ne voulait pas, elle; elle s'est opposée à ce destin. Non, l'idée est venue d'ailleurs. De moi, seulement de moi...

Je me sentis alors envahi par un sentiment informe de responsabilité. Je ne me rendais pas très bien compte de la nature de mon péché, mais je me sentais accablé par une grande faute, une faute affreuse, inconnue...

Ce n'est qu'au retour d'Ileana que je retrouvai mon état normal. Elle courait dans tous les coins de notre chambre comme si elle s'était absentée de longs mois. Elle m'embrassait sans arrêt, elle était assoiffée de moi, et pourtant son être tout entier était empreint d'un grand calme. Elle me voulait à chaque instant près d'elle, elle voulait constamment sentir la chaleur de mon bras ou de ma main. Cependant, j'étouffais dans notre logement, car j'y avais trop souffert de solitude, et nous décidâmes d'aller à l'étranger, ayant renoncé à retourner à Predeal. J'étais impatient de passer la frontière, mais j'aurais voulu que le mariage eût lieu avant notre départ. Quand je le lui annonçai, elle eut un sourire de satisfaction; je trouvais pourtant que cette nouvelle ne la réjouissait pas autant que je l'espérais.

— Tu n'es pas heureuse de devenir ma femme?, lui demandai-je.

— Ne l'étais-je pas déjà?, me répondit-elle. Et peut-être l'étais-je même plus avant...

Elle avait prononcé les premiers mots avec beaucoup de simplicité. Mais tout à coup elle éclata en sanglots et me serra dans ses bras.

— Qu'est-ce que tu as? Qu'est-ce que tu as?, demandai-je bêtement en l'embrassant.

Elle ne répondait pas. Ses mains s'agrippaient à moi, je sentais son cœur qui battait précipitamment...

— Je sais à quoi tu penses, lui dis-je. Mais dorénavant, si tu veux...

Elle me ferma la bouche de sa paume toute tremblante.

— Pardonne-moi, lui dis-je en baisant sa main.

— C'est toi qui dois me pardonner.

Ces paroles, elle me les disait chaque fois que je lui demandais pardon, et elles ne me troublèrent pas. J'étais ému seulement par son amour infini, sa grande douceur...

— Pourras-tu vraiment me pardonner? ajouta-t-elle. Maintenant je suis telle que tu me voulais : pure...

Je ne comprenais pas et l'inquiétude de nouveau me gagnait. J'avais peur de poser d'autres questions. Mais Ileana voulait tout me dire, jusqu'au dernier mot.

— Maintenant tu n'as plus de raison d'avoir peur de moi, fit-elle encore d'une voix étouffée.

— Plus tard peut-être, dis-je, pensif.

Elle hocha la tête. Ses yeux étaient rougis de larmes, son regard avait une fixité qui me troublait.

— Maintenant je n'ai plus que toi, répondit-elle. Il faudra que tu m'aimes beaucoup, beaucoup, jusqu'au bout...

J'aurais voulu trouver une belle parole d'amour, la consoler pour qu'elle comprenne jusqu'à quel point je lui appartenais, définitivement. Mais je ne pouvais sortir un mot. Je me disais : plus tard peut-être... Mais elle hochait la tête. Je me rappelai, bêtement comme toujours en pareilles circonstances, le refrain du *Corbeau* d'Edgar Poe : *Nevermore.* Je la regardais, et je commençais à ne plus la voir.

— A quoi penses-tu?, me demanda-t-elle. Pourquoi t'éloignes-tu de moi?

— Ce n'est pas vrai, protestai-je — mais je mentais.

Il était au-dessus de mes forces de me concentrer, de lui dire ce mot d'amour qu'elle attendait. J'avais constamment en mémoire le refrain : *Jamais*... Et en même temps une lueur d'espoir : peut-être se trompe-t-elle...

– Pourquoi ne dis-tu rien?, me demanda-t-elle de nouveau.

Je fis un dernier effort.

– Tout ce que je pourrais te dire, tu le sais...

– J'aime t'entendre parler...

Je n'y arrivais pas. Elle posa ma tête sur ses genoux et se mit à me caresser les cheveux machinalement.

– Tu as fait quelque chose pendant mon absence? me demanda-t-elle.

Comment aurais-je pu travailler étant loin d'elle... alors qu'elle était en clinique?...

– J'avais des insomnies, lui répondis-je.

– Tu dois travailler, ajouta-t-elle. Il faut te réveiller de ce sommeil...

Je voulus l'interrompre, lui dire que ses paroles me faisaient horriblement mal, mais, me prenant la tête dans ses mains, elle poursuivit :

– Tu sais, moi aussi j'ai beaucoup pensé à toi pendant que j'étais seule. Quelle égoïste j'ai été avant... Je voulais te garder pour moi toute seule... C'est absurde!... Toi tu n'es pas comme les autres, comme nous... L'épouse de Maître Manole s'est laissé emmurer[1], et moi j'aurais eu peur d'un sacrifice beaucoup plus insignifiant!...

1. Allusion à une ballade roumaine célèbre, que M. Eliade a évoquée par exemple dans *Le mythe de l'éternel retour*, Paris, 1949 *(NDT)*.

Elle avait une voix si faible que je crus qu'elle allait éclater en sanglots. Mais elle se contrôlait parfaitement. On voyait qu'elle avait préparé cette réponse depuis longtemps, qu'elle se l'était répétée de nombreuses fois à la clinique. Je sentais sa main frémissante me caresser les cheveux.

– Tu dois absolument refaire ta vie, ajouta-t-elle de la même voix. Tu n'as pas le droit de t'enterrer auprès de moi...

Je sentais que quelque chose approchait, quelque chose de terrible.

– N'ai-je pas moi aussi le droit d'être heureux? lui demandai-je.

Ileana se mordit la lèvre, et c'est seulement alors, un bref instant, que ses yeux se troublèrent. Puis vaincue elle inclina le front.

– Je ne sais plus quoi penser, murmura-t-elle.

Dès le lendemain elle commença à réorganiser ma vie. Elle ajournait sans raison notre départ, les formalités de notre mariage. Elle s'intéressait plutôt aux plans de mes livres, me demandant la permission de parcourir mes manuscrits. Je dus m'exécuter. Jamais je ne l'avais vue si totalement absorbée dans l'étude de mon œuvre.

– Je ne te fais plus de quartier, dit-elle en souriant. A partir de maintenant il faudra terminer tout ce que tu as commencé...

Or moi j'étais incapable d'écrire la moindre page. Certes, pour la tranquilliser, je fis semblant de corriger mon manuscrit; je m'enfermais chaque après-midi quelques heures durant dans mon bureau, relisant les feuillets écrits de nombreux mois auparavant. Mais mon esprit était au voyage qu'Ileana ne cessait d'ajourner, aux nuits d'amour dont je savais que nous les retrouverions dès que nous aurions quitté Bucarest.

Nous fêtâmes l'anniversaire de notre première rencontre seuls entre nos quatre murs. Ileana ce jour-là se donna à moi avec une passion que je ne lui avais pas connue depuis longtemps. C'est comme si elle avait voulu me garder pour toujours auprès d'elle, moi qui étais issu d'elle, nourri de son sang et de son souffle...

Le lendemain nous avions quelques longues courses à faire. J'avais réussi à la convaincre qu'il était préférable que nous partions, ne fût-ce que pour un mois – il m'était du reste difficile de travailler –, et maintenant je cherchais de l'argent pour le voyage. Il fallait aussi réunir des pièces pour l'état civil. Je rentrai sur le soir fatigué. Je m'étonnai qu'elle ne m'ouvrît pas elle-même, comme elle le faisait toujours dès qu'elle entendait mes pas dans l'escalier. Peut-être ne se sent-elle pas bien, me dis-je. Je cherchai la clé, la tournai dans la serrure : Ileana n'était ni sur le seuil, ni dans notre chambre. Elle ne m'avait pourtant pas dit qu'elle irait quelque part; je ne m'en souvenais pas. Un peu déçu, je quittai mon manteau. J'allumai une cigarette et passai dans mon bureau, me disant qu'elle serait heureuse, à son retour de la ville, de me trouver en plein travail. C'est alors que j'aperçus son écriture sur une enveloppe. Sans doute, me dis-je, m'avait-elle laissé un mot pour m'indiquer où elle était partie. Ouvrant l'enveloppe, je restai un moment pétrifié, la respiration coupée. La lettre faisait quatre longues pages, remplies jusqu'à la dernière ligne...

Mavrodin s'arrêta, exténué. Il se frotta les genoux et resta les yeux perdus dans l'obscurité. Puis il continua brusquement :

— ... Elle m'écrivait qu'elle partait, me priant de ne pas la chercher. Ensuite elle me remerciait de mon amour, me disait combien elle avait été heureuse tout ce temps... A la fin, de nouveau elle me priait de ne pas la rechercher. Elle ne pouvait supporter notre amour, puisqu'il était... stérile. Elle avait beaucoup hésité avant d'écrire le mot « stérile ». Elle en avait d'abord employé un autre qu'elle avait rayé avec beaucoup de soin... Puis de nouveau elle me répétait combien elle avait été heureuse, m'assurant que, quoi qu'il arrive maintenant, sa vie aurait connu son accomplissement...

Je lisais presque comme un automate. Je comprenais qu'Ileana était partie, mais il était au-dessus de mes forces de croire que je ne l'aurais plus près de moi. Je posai la lettre sur le bureau et me mis à marcher à travers l'appartement. J'aperçus une chose à elle, puis pris de frénésie je me mis à fouiller partout, dans l'armoire, la salle de bains, la cuisine. Tout était comme avant. Il ne manquait rien. Elle n'avait pris aucune de ses affaires. Je me mis à trembler : et si à cet instant même elle était en train de tenter quelque folie?... Je m'habillai en hâte et courus dans la rue...

Je ne savais par quoi commencer. Je pris un taxi et donnai au chauffeur l'adresse d'Alexandre. Je me disais en chemin : ce n'est pas vrai, ce n'est pas possible, elle reviendra...

– Ileana a disparu!, criai-je en entrant sans même enlever mon manteau.

Alexandre tenta de me rassurer. Il téléphona en plusieurs endroits. J'étais assis dans un fauteuil, fumant machinalement, la tête dans les mains. On m'apporta un apéritif.

– Non, merci, dis-je, je ne prends rien avant le repas.

Je me rendis compte alors que je parlais sans réfléchir. Pourrai-je manger vraiment, me disais-je; le temps, les jours, les nuits, tout sera-t-il vraiment comme avant? Alexandre n'arrêtait pas de téléphoner. Je lui demandai :

– Qu'est-ce qu'ils disent?

Je croyais que tous ces gens qu'il appelait *devaient* savoir quelque chose. Quelqu'un l'avait vue sans aucun doute, dans la rue, dans un taxi.

– Allons, dit Alexandre.

– Où?, demandai-je.

– Chez toi.

Nous allâmes chez moi. Devant la porte je lui dis :

– J'ai perdu l'habitude d'ouvrir moi-même. Jusqu'ici c'est Ileana qui m'ouvrait...

Je ne sais pourquoi, en entrant cette fois dans mon bureau, j'espérai un instant que je l'y trouverais, assise à une table, m'accueillant avec un sourire...

Mavrodin s'arrêta. Il toussait. Il se mit à trembler, et il se frappa le bras pour le dégourdir.

– La température a baissé, dit-il. Vous ne voulez pas que nous entrions? Les nuits sont de plus en plus froides.

L'autre le suivit sans dire un mot. Il s'arrêta sur le seuil de la porte, attendant que Mavrodin, à la lueur d'une allumette, trouvât une lampe.

IX

Mavrodin s'affala sur son lit. Il resta immobile quelques instants, la tête appuyée sur ses bras, les yeux entrouverts. Mais s'apercevant brusquement qu'il n'avait pas invité son compagnon à s'asseoir, il lui montra un fauteuil de rotin. C'est seulement alors qu'il remarqua l'émotion de Hasnas. Ses traits étaient changés; il avait vieilli, son profil était plus sévère encore que d'habitude, ses lèvres étaient meurtries.

– Peut-être voudriez-vous dormir?, lui demanda-t-il.

L'autre fit « non » de la tête, évitant de rencontrer son regard. Il s'assit sur la chaise, alluma machinalement une cigarette.

– Voulez-vous du café?, demanda encore Mavrodin.

– Volontiers.

Il s'approcha de la table, versa l'alcool et y mit le feu. Il regarda longuement brûler les flammes bleues. Hasnas attendait toujours avec la même impatience la suite de l'histoire.

– Nous ferions mieux de nous coucher, dit tout à coup Mavrodin. Demain nous devons nous lever à l'aube. Mais moi je n'ai pas sommeil...

– Moi non plus, dit l'autre. Votre histoire...

Il voulait dire : « si étrange », mais il s'interrompit. Il attendait que le café bouille et que Mavrodin reprenne son récit.

– C'est curieux, mais moi aussi j'ai connu une aventure comme celle-là, ajouta-t-il après un nouveau silence.

Mavrodin ne l'entendait pas. Il était comme fasciné par les flammes bleues, striées... Le bouillonnement de l'eau le réveilla.

– Peut-être qu'un thé aurait été plus indiqué, dit-il en versant le café dans les tasses. Les nuits sont plutôt fraîches maintenant...

Il posa le plateau avec les tasses sur le lit. Il alluma une nouvelle cigarette. Puis il se tut, un long moment, en se frottant les bras de temps à autre.

– ... Je ne l'ai plus jamais retrouvée, reprit-il. Alexandre me confia quelques mois plus tard avec quelle précaution il dépliait son journal chaque matin, de crainte d'y apprendre la nouvelle du suicide d'Ileana, de la découverte de quelque cadavre d'une femme inconnue. Je savais qu'elle avait un frère mais j'ignorais dans quelle ville il habitait. Alexandre me dit que c'était un joueur de cartes invétéré, qui changeait de logement chaque fois qu'il pouvait pour échapper à ses créanciers. Beaucoup plus tard je retrouvai sa trace. Mais en vain. Il ne savait même pas qu'Ileana m'avait quitté.

Du reste, il était habitué à ne pas recevoir de nouvelles de sa sœur des mois durant... Je me dis alors qu'elle devait être partie à l'étranger. Mais toutes les recherches prouvèrent qu'aucun passeport n'avait été délivré à son nom, ni avec une photo qui lui ressemblât. J'écrivis à la Légation roumaine de Berlin... Sans résultat... Aucun indice nulle part...

Les premières nuits passées seul furent terribles. Je la retrouvais partout; assis au bord du lit je me souvenais combien de fois à cette place elle m'avait écouté parler, son visage enfoui dans ses mains; en regardant une porte, je la revoyais entrant avec un sourire; elle m'apparaissait constamment debout devant la fenêtre, le front appuyé sur la vitre, attendant mon retour; j'avais presque peur de rentrer à la maison la nuit, de voir notre lit vide, de retrouver son imperméable suspendu à la patère de l'entrée, près de la glace. Je passais presque tout mon temps, dans ces semaines d'hiver, chez Alexandre. Et je ne cessais pas d'espérer, d'espérer follement. Je ne pouvais me faire à l'idée qu'Ileana était partie. Parfois, marchant dans la rue, la tête penchée, une brusque émotion me prenait à la gorge; et si, me disais-je, Ileana se trouvait en ce moment à quelques pas de moi? Si, levant brusquement les yeux je l'apercevais là, arrêtée devant une vitrine? Je prolongeais autant que je pouvais cet espoir et cette panique. Je m'accrochais à cette souffrance, amère et consolatrice en même temps. Lorsque, au bout d'un long moment, je levais le front, regardant de tous côtés, la lumière du jour me paraissait plus maussade, le monde plus froid, plus absurde. Je me disais que peut-être elle m'écrirait. Sans doute était-elle cachée quelque part, dans un trou perdu; ou bien elle était partie à l'étranger, encore que je ne pusse imaginer comment elle avait pu faire cela sans laisser aucune espèce de trace. Mais avec le temps, me disais-je, le désir de me revoir sera le plus fort et elle m'écrira. J'imaginais toute sorte de scènes : je recevais une enveloppe portant un timbre d'un pays quelconque, postée par ruse par des amis d'Ileana pour me faire croire que c'était dans ce pays qu'elle se cachait. Je faisais semblant de me laisser prendre. J'étais prêt dans mes fantasmes à croire n'importe quoi, à accepter n'importe quoi. Pourvu que je reçoive quelque chose d'elle, pourvu que je la sente encore près de moi, présente, vivante.

Les semaines d'hiver passèrent ainsi, sans que je trouve quoi que ce fût. Je menais une vie larvaire, fumant sans arrêt, comme un automate, restant étendu des heures entières, affalé sur mon lit, sur le dos, sans penser à rien, la tête vide. Et tout à coup je sursautais, tout mon être se crispait : je croyais l'avoir entendue montant l'escalier, je croyais reconnaître son pas hésitant. Je bondissais alors au milieu de la pièce et courais à la porte. J'avais peur d'ouvrir. J'écoutais, l'oreille collée contre le bois, la gorge nouée. Parfois j'entendais un léger souffle sur le palier. Je croyais qu'elle était là, attendant elle aussi, redoutant de sonner. J'ouvrais : personne...

La porte refermée j'allais chercher la lettre pour la relire – quoique je la susse par cœur depuis longtemps –, ou bien je fouillais fiévreusement les armoires, de fond en comble, respirant encore une fois le parfum de ses robes, de plus en plus faible, me délectant de la caresse des corsages que si souvent elle avait mis devant moi. Dans les premiers jours qui suivirent sa fugue, je retrouvai les boîtes mystérieuses naguère pleines de lettres. Elles ne contenaient plus que quelques photos de Berlin, quelques cartes postales sans importance. Du moins me parurent-elles sans importance la première fois. Mais plus tard je les sortais constamment de leurs boîtes, scrutant le moindre détail. Elles ne me disaient rien, ces cartes postales, mais c'est Ileana qui les avait reçues, longtemps auparavant, qui les avait tenues dans ses mains, qui les avait imprégnées de sa présence.

Puis je feuilletai ses livres, page par page. Ici elle avait laissé un onglet, là une enveloppe, ailleurs une facture acquittée. De nouveau l'idée me vint qu'Ileana m'avait écrit peut-être d'autres lettres, que peut-être elle les avait cachées dans quelque livre. Je restais longtemps devant la bibliothèque, essayant de deviner quel livre elle aurait choisi, où elle pouvait avoir jugé que la lettre serait le mieux cachée. Il me semblait alors que quelqu'un m'indiquait brusquement un titre : je tirais le livre de sa rangée, puis l'examinais tout à loisir, comme si j'avais redouté de briser un ultime morceau d'espoir...

L'année passée nous eûmes un printemps précoce. Dès que les neiges eurent commencé à fondre, un nouvel espoir secoua ma torpeur; je m'en voulais de ne pas avoir compris plus vite une chose pourtant fort simple : et si je terminais le livre resté inachevé? Si je le publiais? Ileana le lirait sans doute, me disais-je, et alors à coup sûr elle donnerait signe de vie. Ce livre, ne m'avait-elle pas souvent prié, surtout dans les jours qui précédèrent sa fugue, de l'écrire, de le terminer? Pour une fois mon imagination ne m'avait trompé qu'à moitié. Je trouvai le manuscrit en désordre, couvert par endroits d'annotations au crayon. Sans doute l'avait-elle lu, sans doute l'avait-elle même tenu dans ses mains avant son départ. Sur la dernière page elle avait écrit plusieurs fois : « Mon chéri, mon chéri, mon chéri... »

Je me mis alors à ma table de travail, redoublant d'ardeur. Je voyais Ileana attendant impatiemment, quelque part à l'étranger, la parution du livre; je me disais que peut-être elle s'était imposé une sorte d'exil jusqu'à l'achèvement de l'œuvre que je n'avais pas eu la force de terminer tant qu'elle était près de moi. En quelques nuits le livre fut prêt. J'avais sans cesse devant moi la lettre qu'elle m'avait laissée; il suffisait que je la regarde pour que ma fatigue disparaisse...

Le livre parut en mai. Il fut accueilli avec beaucoup d'étonnement; on allait jusqu'à se demander s'il était vraiment de moi... Mais ce n'était pas l'admiration ou la critique qui m'intéressait cette fois; j'espérais avec ferveur le retour d'Ileana, ou à tout le moins une lettre d'elle, un signe de vie, de quelque coin du monde que ce fût. J'attendis ainsi, à Bucarest, jusqu'au milieu de l'été. Ileana n'est pas rentrée. Et je n'ai pas reçu la moindre nouvelle à son sujet. Je ne sais ce qu'elle est devenue...

Mavrodin s'arrêta. Il se versa encore une tasse de café froid. Puis il se mit à faire les cent pas à travers la pièce.

– ... J'ai pratiquement perdu maintenant jusqu'au plus petit espoir de la revoir un jour, ajouta-t-il. Même Alexandre n'y croit plus, depuis longtemps. Il me l'a dit avant mon départ de Bucarest. Il faisait très chaud vers la mi-juillet, quand je suis parti. Il me disait : « Tu devrais aller quelque part en montagne, te reposer... Tu as beaucoup maigri. Et peut-être écriras-tu quelque chose. Tu es un homme, bon sang! »...

Alexandre ajoutait :

– Au fond, qui sait ce qui lui a pris? Personne ne la connaît vraiment. Et n'est-elle pas partie une fois déjà comme ça?

L'allusion à son séjour à Berlin me tranquillisa. Je n'étais plus jaloux maintenant de son passé, l'« avant moi », ce grand point d'interrogation ne me tourmentait plus. Même cet amant qu'elle avait oublié avec tant de peine ne me troublait plus. Je n'avais peur que de ce qui pouvait arriver dorénavant, et l'idée ne me venait pas qu'elle pourrait avoir une nouvelle passion. Je n'arrivais pas à croire qu'Ileana pourrait aimer encore. Et je doute moi-même de pouvoir jamais aimer encore... Mais la vie continue son cours. Et j'ai peur de ces ténèbres dans lesquelles Ileana s'est enfoncée, ces ténèbres inconnues de moi qui la dévorent...

Je quittai Bucarest à la hâte, sans savoir exactement où j'irais. Je m'arrêtai d'abord dans la Vallée de la Prahova, puis à Brasov. C'est au cours de mon voyage que j'ai conçu le projet d'écrire mon histoire. Je voulais faire un récit absolument exact de notre amour, et cela plus encore pour Ileana que pour moi.

Elle est étrange, cette soif de se confesser, de demander pardon à quelqu'un par l'intermédiaire d'un livre... Peut-être vous souvenez-vous de la légende médiévale racontée par Anatole France, de ce jongleur qui s'était fait moine et qui, ne pouvant rendre d'autre hommage à la Vierge, s'enfermait dans une chapelle où seul devant la statue de la mère de Dieu il lui montrait tous les tours qu'il connaissait, toutes les finesses de son métier.

... Je ne dis pas cela pour m'excuser. Les indiscrétions criardes de certains écrivains dans leurs livres sont peut-être un hommage à la femme qu'ils ont aimée et que souvent sans le vouloir ils ont fait souffrir. Comment mieux demander pardon, comment rendre un plus bel hommage à l'objet de leur amour, comment le faire de manière plus éclatante et plus sincère qu'en écrivant?...

Mais là n'est pas la question, ajouta aussitôt Mavrodin, la voix changée. Peut-être qu'à l'origine de mon livre il y a le besoin de demander pardon à Ileana. *Noces au paradis :* il me semble que ce titre en dit assez... J'espérais qu'au moins ce livre racontant notre histoire, s'il tombait un jour sous ses yeux, la persuaderait de revenir. Il y a encore tellement de choses à faire. Et puis la vie n'est-elle pas digne d'être vécue, de quelque façon que ce soit, à quelque moment que ce soit?

Je l'attends. Parfois je m'imagine, vieux, seul au milieu de mes livres, penché sur la même table, tel qu'Ileana m'a vu tant de fois, des nuits d'affilée. Et j'imagine alors que quelqu'un frappe à la porte, que je vais ouvrir distraitement et que je la trouve sur le seuil. J'y pense constamment...

Mais les choses se passeront peut-être tout autrement. La vie continuera son cours, comme maintenant : qui sait comment elle engloutira chacun d'entre nous?

... Mais je voulais dire autre chose. Je voulais dire combien je m'étais laissé emporter par mon art, par mon métier, dans ce récit que j'écris maintenant. Ileana est sans cesse devant mes yeux quand j'écris, et malgré cela le livre se déroule autrement, le charme du mensonge me surprend à mon insu. Certes, c'est bien la même histoire, mais ni Ileana, ni moi, ni les événements ne sont plus ce qu'ils ont été en réalité. Parfois je suis déprimé, démoralisé par mon impuissance à rendre la vérité, l'impuissance que tout artiste éprouve de se confesser, comme un homme, totalement, comme un chrétien... Vous lirez mon livre et vous verrez comme il est loin de tout ce que je viens de vous raconter. Peut-être le livre est-il plus beau. Mais pour le reste...

Tous deux se turent. Il faisait froid maintenant dans la pièce. Hasnas fixait le plancher d'un air pensif. Mavrodin se jeta de nouveau sur le lit.

– Je me repose un instant, après quoi je vous ferai du thé, dit-il.

– Vous croyez que vous la rencontrerez un jour? demanda Hasnas, comme s'il prolongeait à haute voix une pensée qui le hantait depuis longtemps. Je veux dire : vous *sentez* que vous la reverrez?...

La tête appuyée sur ses bras, Mavrodin regardait le plafond d'un air vague.

– Je ne sais pas, répondit-il au bout d'un moment.

Hasnas tourna la tête pour le voir puis il inclina le front, embarrassé, ne sachant que dire.

– Et maintenant, que comptez-vous faire?, lui demanda-t-il. Vous êtes jeune, vous avez à peine trente ans...

Mavrodin eut un sourire pénible.

– J'ignore ce que je vais faire, répondit-il. Je vais écrire ce livre, ensuite probablement je l'attendrai...

– C'est ce que nous disons tous, reprit Hasnas sans lever les yeux. Et ce n'est pas vrai. Personne n'attend. La vie nous emporte sans que nous nous en rendions compte. Et quand on se réveille, il n'y a plus rien à faire...

– C'est trop tard? demanda Mavrodin, s'efforçant de cacher son inquiétude.

– Il est toujours trop tard pour un homme qui a connu un grand amour, dit Hasnas durement. Quoi qu'il tente, il est trop tard. Le mieux qu'il ait à faire est de ne plus penser...

Il s'arrêta, comme s'il avait eu peur d'en avoir trop dit.

– De ne plus penser à quoi? demanda Mavrodin.

– A rien de grave, à rien de durable, répondit Hasnas. Il faut vivre à la grâce de Dieu, au hasard, sans se proposer de grandes choses, sans plus attendre un second miracle. On ne rencontre qu'une fois une grande chose, une chose réellement *grande*. Après, les événements n'ont plus aucune importance. Je veux dire qu'ils ne changent plus rien. Ils ne sont plus transparents, on ne voit plus au travers, au-delà. Ce sont des événements, un point c'est tout. Tout ce que l'on peut faire, tout ce que l'on doit faire, c'est de se laisser conduire à la mort la conscience en paix, dignement, sans se lamenter et sans se dégrader, surtout sans se dégrader. Nombre d'entre nous se dégradent à l'approche de la mort : les vices, les lâchetés de toute sorte...

Mavrodin l'écoutait sans bouger. Mais la chambre tout à coup lui parut plus froide et la fumée de cigarette le dérangeait. Il hésita d'abord, engourdi dans ses pensées, puis il sauta du lit et se dirigeant vers la fenêtre, l'ouvrit toute grande.

– Il doit être très tard, dit-il en regardant dehors. La lune se lève, elle est dans son quatrième quartier... Buvons une tasse de thé, ajouta-t-il.

L'autre à son tour s'approcha de la fenêtre. La montagne paraissait proche maintenant, la lune y déposait une légère brume. Nul bruit de nulle part. La maison entière était comme noyée dans la forêt. La lanterne solitaire du bout du couloir s'était éteinte.

– Vous avez sommeil? demanda-t-il sans tourner la tête.

– Du tout. Je crois qu'une longue insomnie me guette.

Puis ils se turent de nouveau tous deux. Mavrodin contemplait les flammes de l'alcool, Hasnas regardait par la fenêtre.

– Si vous n'avez pas sommeil, reprit-il au bout d'un moment, je vais vous raconter moi aussi une histoire. Elle est plus ancienne, elle date de huit ou neuf ans. Et je n'étais plus tellement jeune déjà à cette époque...

Il se tourna lentement vers son compagnon.

– ... Peut-être vous sera-t-elle utile un jour, peut-être pourrez-vous l'utiliser dans l'un de vos livres, ajouta-t-il en souriant amèrement. Votre histoire m'a fait penser à quelqu'un que j'ai beaucoup aimé. C'est ce qui arrive toujours : on trouve que la personne que l'on a aimée ressemble à l'héroïne de l'histoire. Mais peut-être est-ce vraiment le cas cette fois...

Il resta quelque temps sans rien dire, cherchant, semble-t-il, un point de départ. Puis il commença son récit, calmement, d'une voix mate, égale, contrastant avec l'inquiétude qui l'habitait un instant encore auparavant.

X

Au début de la Grande Guerre j'avais 24 ans. Je suivais des cours en France pour être ingénieur. L'un de mes oncles, frère de ma mère, m'envoyait chaque mois une bourse qui suffisait à mon entretien. Mes parents étaient riches autrefois l'un et l'autre. Mais mon père est mort jeune, alors que j'étais encore à l'école primaire. Et ma mère fut incapable d'administrer notre patrimoine. C'est son frère qui s'en occupait, celui qui me permit d'étudier par la suite. En moins de dix ans tout fut dilapidé. Ma mère s'était mise à jouer aux cartes, et dans la seule année de sa mort elle perdit une propriété. Mais elle quitta ce monde avant de connaître les humiliations de la pauvreté. Elle est morte dans une grande maison luxueuse, une maison hypothéquée, que nous dûmes vendre à son décès pour payer les créanciers.

Je n'étais pas un étudiant très brillant et la voie que j'avais choisie ne me plaisait pas. J'étais attiré par la carrière des armes, mais je savais que cette profession n'était pas du tout du goût de ma mère; elle s'était promis depuis longtemps d'avoir un fils ingénieur. La déclaration de guerre fut pour moi l'aube d'une nouvelle vie. Je m'engageai dans l'armée française avec d'autres jeunes Roumains, après la bataille de Charleroi. Je fus légèrement blessé dès les premiers combats. Je fis ensuite une école d'officiers et retournai au front au bout de quelques mois avec le grade de sous-lieutenant. Je ne sais si j'ai été ce qu'on appelle un héros. Mais je me suis bien battu et ai été deux fois décoré. Je m'étais habitué à la guerre, je m'étais habitué très vite aussi à l'idée de la mort. Du reste, peu de choses m'attachaient réellement à la vie. J'étais orphelin, je n'avais ni frère ni sœur, et mon unique ami, un camarade d'études, était mort dès la première année de la guerre. J'étais heureux de pouvoir me battre comme officier de l'armée française. Parfois je pensais même, quand les hostilités seraient terminées, à m'engager dans la Légion étrangère.

Mais après l'entrée de la Roumanie en guerre, je décidai de retourner au pays. J'étais très ému, les larmes me venaient aux yeux à la seule pensée de mourir en terre roumaine. Je fus envoyé, en 1917, en Moldavie avec la mission française. Je ne vous en dirai pas plus au sujet de tous les événements de ce triste hiver. La joie de mon retour au pays après une absence de près de cinq années fut assombrie par trop de désastres. A la différence de beaucoup de jeunes officiers roumains je doutais du succès des Alliés. Ce qui ne m'empêcha pas de faire mon devoir.

Étant souvent en déplacement, comme attaché à la mission française, entre Barlad et le Quartier Général de Iasi, en avril de cette même année je voyageais dans un train bondé. J'avais cédé ma place à une dame âgée et étais sorti dans le couloir, tout contre la porte du wagon. La nuit était tombée, je me penchais à la fenêtre, regardant distraitement les champs sur lesquels la neige venait tout juste de fondre. Je ne sais dans quelle gare c'était, mais à un moment donné, juste comme le train s'ébranlait, je me sentis bousculé avec force par quelqu'un qui voulait accéder à la porte. C'est moi-même qui l'avais fermée au signal du départ; quelques paysans encombraient les marches et j'étais pressé de tous côtés par les voyageurs. Je me retournai, non sans peine : une fillette d'une quinzaine d'années voulait descendre à tout prix. J'avais entendu d'abord dans le noir au bout du quai où stationnait notre wagon, une voix de femme qui criait : « Lena! Lena! », puis, quelques instants avant le départ, un bruit de pas précipités courant d'un bout à l'autre du wagon. La fillette resta pétrifiée lorsqu'elle comprit que le train était réellement parti, qu'il s'éloignait de la gare. Elle pencha alors la tête par la fenêtre et cria elle aussi, plusieurs fois en français : *« Tante Émilie* [1]!... »

Ce qui attira mon attention, c'était la perfection de sa prononciation et, en même temps, le parfum très discret de ses cheveux, un parfum

1. En français dans le texte *(NDT).*

inaccoutumé en ces jours de misère noire. La fillette continuait à crier, la tête penchée à la fenêtre. Puis elle se débattit à nouveau, cherchant à ouvrir la porte pour sauter du train. Mais je lui pris le bras.

– La porte est verrouillée, dis-je.

Elle me regarda dans les yeux d'un air interrogateur et ses lèvres se mirent à trembler. Je sentais qu'elle se retenait de pleurer. La situation me parut comique. A vrai dire à cette époque les histoires tristes elles-mêmes ne m'émouvaient guère – à plus forte raison un incident comme celui-là.

– Tu es seule maintenant? lui demandai-je en français, en la tutoyant.

Je portais l'uniforme d'officier roumain et la fillette me regarda d'abord avec incrédulité. Mais ce qui la tranquillisa peut-être c'est mon sourire et le fait que je m'adressais à elle en français.

– Ma tante avait rendez-vous dans la gare avec une connaissance, répondit-elle. On lui avait dit que le train s'arrêterait un bon moment.

Il faisait une lumière blafarde dans le wagon, mais je vis à ce moment ses grands yeux s'emplir de larmes, et je voulus lui caresser les cheveux. Elle tenta de reculer, cherchant en même temps son mouchoir pour essuyer ses larmes. En levant le bras, j'aperçus la couverture du livre qu'elle tenait à la main : *Anna Karénine.* Elle était restée sans doute dans le compartiment à lire pendant que sa tante était dans la gare.

– Tu as failli tomber sous les roues du train,

comme dans ton roman, lui dis-je en riant et en lui montrant le livre. Mais tu n'es pas arrivée encore à la fin...

– C'est comme ça qu'Anna meurt? demanda-t-elle, toujours en français. Elle semblait s'être un peu calmée.

Je fus surpris de cette familiarité qu'elle avait avec l'héroïne du livre. Je fis « oui » de la tête d'un air triste.

– ... Sous les roues du train, répétai-je – et je la regardai plus attentivement.

Elle resta pensive et comme abattue. Elle mit la main à son front et poussa un soupir, comme font les enfants quand ils veulent ressembler aux grandes personnes. Le train avait pris de la vitesse. Elle regarda par la fenêtre et je vis à quel point la nuit noire l'effrayait.

– C'était toi Lena?, demandai-je. Quelqu'un a crié ton nom plusieurs fois...

– C'est alors que j'ai entendu, répondit-elle. Mais je n'avais plus le temps de me frayer un passage jusqu'à la porte.

Elle voulut me quitter et retourner dans son compartiment, mais je la retins. Je lui demandai si elles rentraient chez elles. C'eût été alors relativement simple, car elle pouvait se débrouiller seule. Je lui demandai aussi quel âge elle avait. « Quinze ans », me dit-elle. Mais elles ne rentraient pas chez elles, elles se rendaient à Balteni où elles avaient des parents réfugiés. Je tentai de la tranquilliser. « Ta tante, lui dis-je, prendra probablement le train suivant, et toi, une fois arrivée, tu demanderas l'adresse de vos parents. Ou bien tu attendras à la gare jusqu'à l'arrivée de ta tante... » Elle me regarda étonnée.

– Mais je n'ai pas mon billet sur moi, me dit-elle.

– Cela ne fait rien, lui dis-je. Si le contrôleur vient je dirai que tu es avec moi...

Nous continuâmes à bavarder dans le couloir. Aux stations je la protégeais du bras, pour que les gens ne la heurtent pas, pour que les torrents de voyageurs ne la foulent pas de leurs gros pieds, en cherchant leurs places dans les compartiments. Elle me raconta dans quelles circonstances sa tante et elle s'étaient réfugiées en Moldavie. Il lui avait fallu vaille que vaille s'habituer à la terreur perpétuelle des avions ennemis, à l'enfer des trains bondés retenus des heures entières dans une gare, puis dans une autre. A son tour elle me demanda, avec beaucoup de retenue, si je revenais du front. Elle parlait très bien français et cette conversation avec une enfant m'enchantait.

Vers minuit nous descendîmes, non sans mal, car il fallut une demi-heure à l'avance sortir les bagages du compartiment. Lui prenant le bras je la conduisis à un bureau de la gare où j'avais un ami employé. Je redoutais de la laisser seule; j'avais peur surtout des Russes. Mais je ne pouvais m'occuper d'elle plus longtemps car le lendemain je devais être à Barlad. Je la confiai aux bons soins de mon ami en lui disant qu'à mon retour je lui demanderais ce qu'il avait fait.

Lorsque nous nous séparâmes et que je lui

souhaitai bonne chance, ses yeux se remplirent de larmes. Elle tremblait. Je lui caressai les cheveux et lui tapotai les joues.

– Et maintenant tu me laisses t'embrasser? lui demandai-je en riant.

Elle leva légèrement la tête, me regardant droit dans les yeux. On aurait dit qu'elle me tendait les lèvres, à la façon dont elle se haussait pour m'atteindre. Je l'embrassai sur les joues, lui souhaitant encore une fois bonne chance et bon courage, et retournai à mon wagon...

Une semaine plus tard environ, me rendant à Iasi et passant par la gare où j'avais quitté Lena, je me souvins d'elle et descendis demander à mon ami ce qu'il avait fait. Il me raconta en souriant qu'aussitôt après mon départ elle avait couru sur le quai pour attendre l'arrivée du train suivant. Elle ne dormit pas de la nuit, et à chaque train qui s'arrêtait en gare, passant devant les wagons elle criait : « *Tante Émilie! Tante Émilie*[1] *!...* » Vers le matin, elle consentit à s'étendre sur le canapé du bureau, où elle s'assoupit, la tête reposant sur la valise dont elle ne s'était pas séparée un instant. Le lendemain, quand mon ami avait déjà perdu tout espoir de retrouver l'adresse des parents de la fillette, et qu'il se demandait ce qu'il ferait d'elle si tante Émilie n'arrivait pas avant le soir, Lena revint toute joyeuse au bras d'un jeune officier avec lequel elle parlait en français. Elle le présenta comme son cousin et mit ses bagages dans un

1. En français dans le texte *(NDT)*.

cabriolet de l'armée. Il la vit embrasser le jeune homme dès que le cocher eut fouetté les chevaux...

Ce détail me fit rire à mon tour. Puis je montai dans le train de Iasi, oubliant pour de bon cette histoire. Une seule fois après la signature de l'Armistice, nous évoquâmes mon ami et moi la petite Lena, parmi de multiples autres aventures que nous avions connues l'un et l'autre. J'ai appris la nouvelle de la mort de mon ami quelques mois plus tard. J'étais allé à Bucarest prendre livraison d'une série de matériaux; venant de renoncer à l'uniforme, je me demandais quelle voie j'allais choisir. J'étais trop vieux pour retourner en France terminer mes études d'ingénieur. Et puis, la fin de la guerre – que j'avais faite depuis les premiers mois –, l'ivresse de la victoire, la réunification de la Roumanie et ce qui suivit, tout cela m'avait beaucoup changé.

Je n'avais qu'un désir : vivre, et vivre bien, par tous les moyens; être riche, libre, en faire à ma tête au moins quelques années. Mon cousin, le fils de l'oncle qui m'avait permis de faire mes études, était mort pendant la guerre. Peu de temps après c'est mon oncle qui mourait à son tour, et j'héritai d'une fortune assez importante. C'était une époque où l'on pouvait s'enrichir en peu de temps. J'achetai des terrains à Bucarest, fis partie de plusieurs commissions techniques. Ces choses n'ont pas une bien grande importance, mais je vous les dis pour que vous vous rendiez compte que peu d'années après la guerre, vers 1921, j'étais devenu un homme riche, intrépide, ambitieux. A 30 ans j'avais une expérience sans rapport avec mon âge, une expérience qui m'avait protégé de beaucoup de dangers. Sur le chapitre des femmes et de l'amour surtout, j'étais un vrai cynique. Je n'avais jamais aimé. Pour toute aventure sentimentale je ne me connaissais qu'une vague liaison remontant à mes années d'étudiant. La guerre m'avait guéri de l'amour et de toute sorte de sentiments. J'en avais trop vu, du reste, pour croire aux promesses, à l'honneur. Seules les femmes laides sont honnêtes, me disais-je Car jusque-là je n'avais pas rencontré une seule femme belle et me plaisant qui m'eût résisté. En cela je n'étais nullement un cas particulier. Dans les années de la guerre et de l'immédiat après-guerre tout était permis à qui avait la force et le culot.

Depuis 1920 je demeurais assez peu à Bucarest. Je passais beaucoup de temps à l'étranger. Je faisais partie constamment de ces nombreux comités et commissions qui durèrent longtemps après la conclusion de la paix. Je croyais alors que seul ce genre de vie était fait pour moi, que j'avais conquis enfin ma liberté et un bonheur que je n'osais même pas imaginer durant mon séjour à Paris. M'absentant constamment de Roumanie, je prolongeais une liaison amoureuse le temps qui me convenait. Peu d'hommes peuvent se vanter d'une chance pareille. Je ne pensais absolument pas au mariage, bien que l'on m'invitât souvent dans de nombreuses familles dans le seul espoir de cette éventualité.

Je fréquentais assidûment une certaine maison dont l'hôtesse était depuis peu devenue mon amie. C'était une très belle femme, très légère, l'épouse d'un député qui avait fait après la guerre une fortune considérable et avait été impliqué dans une série d'affaires scandaleuses. On était en 1924, année où l'élégance et la débauche atteignirent à Bucarest des sommets jamais vus jusque-là. Mon amie avait l'un des premiers hôtels particuliers nouvellement construits dans la Capitale; ses thés et ses cocktails étaient célèbres. J'aimais participer à toutes ces fêtes, car j'y rencontrais une jeunesse avec laquelle je m'entendais à merveille. Je ne sais si vous vous souvenez encore de cette époque, de l'époque du jazz et du cocktail, de l'époque où les jeunes femmes portaient les cheveux coupés *à la garçonne*[1] et des robes qui leur montaient jusqu'au-dessus du genou. Je crois que jamais la jeunesse n'a été aussi dévergondée qu'à cette époque. Dans ces années-là et dans certaines maisons on pouvait coucher avec n'importe quelle fille pour peu qu'on eût dansé avec elle avec une certaine insistance. C'était du reste en quelque sorte la mode, que les filles choisissent leurs partenaires amoureux avec la même franchise qu'elles se choisissaient un partenaire au tennis. On parlait de la virginité avec mépris, et plus une fille était dépravée, plus elle avait de charme. Dans cette maison j'ai vu souvent des gamines se livrer à des concours d'ivresse : c'était à qui serait la plus saoule, le plus vite possible.

1. En français dans le texte *(NDT)*.

Je n'étais plus tout jeune alors, mais ces fêtes sans fin, où l'on dansait les trois quarts de la nuit, frénétiquement et jusqu'à l'exténuation, m'amusaient énormément. Dans ce milieu je faisais un peu figure de doyen, car l'épouse du député choisissait ses invités exclusivement parmi les jeunes. Notre liaison était connue, comme du reste tous les collages de ces cercles de nouveaux riches de la guerre, politiciens et affairistes. Une liaison qui m'enchantait sans me fatiguer, et que je devais parfois payer par de menus services rendus aux amis du député.

Une nuit j'étais accoudé au bar, me reposant dans l'attente d'une nouvelle danse, lorsque mon amie apparaît sur le seuil avec une jeune fille à son bras. J'étais assez éméché, mais pas assez pour ne pas me rendre compte que ce visage fin, cette grande bouche bien dessinée, ne m'étaient pas inconnus.

– Je te présente un oiseau rare, me dit mon amie en français (dans cette maison on n'employait pratiquement pas d'autre langue). Je te présente Lena, la dernière vierge du XIXe siècle!

Je compris à son rire fêlé qu'elle avait ingurgité pas mal d'alcool.

– Suis-je vraiment si vieille?, demanda la demoiselle en souriant.

– Et voilà mon flirt, dit mon amie en me montrant. *C'est un type épatant*[1]*!* ajouta-t-elle à l'oreille de sa compagne.

1. En français dans le texte *(NDT)*.

Je la regardai attentivement. Vraiment, elle n'était absolument pas à sa place dans cette maison, à cette heure, elle qui paraissait si correcte, si sérieuse. Elle avait les cheveux coupés court, comme toutes les autres jeunes filles, mais cette coiffure lui donnait à elle un air d'étudiante des romans russes, elle la rendait plus pure, elle illuminait ses traits.

– Il me semble que nous nous sommes déjà rencontrés quelque part, dis-je, cherchant à me rappeler quand j'avais vu pour la première fois ces lèvres et ces yeux.

Elle hocha la tête en souriant.

– J'accepte très peu d'invitations, dit-elle en roumain. Puis elle ajouta, avec un accent ironique et forcé : *dans le monde*[1]...

– Et pourtant j'ai l'impression de connaître même votre nom, dis-je.

C'est alors que je me rappelai la scène du train, à sept ou huit ans de là. Je la lui racontai, et dès les premiers mots elle rougit brusquement. J'eus l'impression qu'elle aussi m'avait reconnu dès qu'elle m'avait vu, mais elle évitait de se trahir. Elle espérait sans doute que je ne réussirais pas à me rappeler. Elle fit semblant alors de me regarder avec attention, fermant légèrement les paupières, comme si elle s'efforçait de m'imaginer en uniforme militaire. Enfin, la mémoire lui revint.

– Que s'est-il passé après mon départ? demandai-je.

1. En français dans le texte *(NDT)*.

– Rien d'extraordinaire, dit-elle en souriant. Le lendemain, vers midi, tante Émilie est arrivée; elle était dans tous ses états.

Étonné, je la fixai droit dans les yeux. Elle supporta mon regard sans broncher. Elle avait dit cela très calmement.

– Vous êtes vraiment sûre que votre tante est venue vous prendre? demandai-je.

– Tout à fait sûre. Pourquoi posez-vous cette question?

– On m'a dit que vous étiez partie avec un jeune officier, un de vos cousins, ajoutai-je en souriant.

Et je la regardai de nouveau dans les yeux, profondément. Je ne remarquai rien, pas la moindre hésitation. Son visage était un peu plus pâle, mais je n'en étais pas certain. J'avais pas mal bu cette nuit-là et au bar la lumière était très faible.

– Je n'ai aucun cousin et surtout aucun cousin officier, ajouta t-elle en soulignant ironiquement la formule.

Je me mis à rire. J'observai que mon rire l'agaçait. Elle me demanda de nouveau, légèrement troublée :

– Qu'est-ce qui vous permet de douter de moi?

– Le fait que l'employé de la gare, mon ami, m'a raconté que vous étiez apparue le lendemain au bras d'un jeune officier qui a installé vos bagages dans une voiture; il m'a raconté aussi qu'au moment où la voiture démarrait, le jeune officier vous a embrassée...

Elle blêmit. Cette fois, j'étais certain de son

trouble et l'entretien commençait réellement à m'amuser.

– Votre ami est un impertinent, dit-elle, et elle voulut s'éloigner.

Je la retins par la main.

– Il *était*, le pauvre, car il est mort depuis longtemps.

– Que Dieu lui pardonne alors, dit-elle.

Il me sembla qu'elle s'était un peu calmée. Elle revint vers moi et changea brusquement la conversation. Elle me demanda ce que j'avais fait après la guerre. Manifestement, elle se rappelait maintenant tout ce que je lui avais raconté dans le train, au sujet des batailles auxquelles j'avais pris part sur le front français.

– Mais vous?, lui demandai-je. Qu'êtes-vous devenue depuis lors?

– J'ai grandi, répondit-elle simplement.

– Et vous êtes devenue belle, ajoutai-je en la regardant avec l'effronterie particulière dont j'usais avec toutes les femmes qui me plaisaient. (Pardonnez-moi ces détails pénibles qui me font honte, mais je veux vous rendre au moins en partie l'atmosphère de mon existence d'alors.)

Elle se tut quelques instants, tout en continuant de soutenir mon regard, non sans une certaine ironie.

– Pourvu que Clody ne vous entende pas, murmura-t-elle en souriant.

Clody était le prénom de mon amie. Surpris de cette audace, je fronçai les sourcils comme si je n'avais pas compris l'allusion. (J'attire encore votre attention sur un point : n'oubliez pas que je me donnais l'air d'un homme fatigué de ses succès féminins...). J'étais un peu intrigué qu'une fille aussi différente des autres fût tellement au fait des moindres cancans de la Capitale.

– Que voulez-vous dire par là?, lui demandai-je.

– Vous savez fort bien que notre amie n'aime pas les belles filles, dit-elle en riant. Moi non plus du reste, ajouta-t-elle.

Elle passa alors dans une autre pièce. Je restai près du bar. Lorsque Clody s'approcha de moi, je lui demandai :

– Qui est cette fille?

– Un mystère, répondit-elle d'une voix déplacée, trop forte. Un mystère!

– Tu exagères! dis-je en souriant.

Elle était, la pauvre, complètement noire. A ce propos il faut que j'intercale ici un épisode fort désagréable pour moi. L'idée ne lui vint-elle pas tout à coup de me demander de l'embrasser, devant tout ce monde? Je refusai, par lassitude. Clody se mit à se lamenter et à me supplier. Les jeunes s'amusaient follement. Ils trouvaient cette scène somme toute très intelligente, très originale. Et plus Clody insistait, plus ma résistance s'affirmait. En quelques instants le bar fut plein de monde. Tous accouraient pour voir. Moi je n'avais pas perdu mon calme, j'étais seulement ennuyé et dégoûté. J'allumai une cigarette et m'accoudai contre le bar d'un air cynique. Clody se mit à pleurer. L'affaire devenait pénible aussi pour les spectateurs. Ils riaient déjà beaucoup plus par force d'inertie, se regardant les uns les autres d'un air gêné.

– Mais embrassez-la, voyons!, lança une voix de femme, une voix dure.

A l'autre bout de la porte j'aperçus Lena. Ses yeux brillaient d'indignation.

– *Lena, ma bonne amie, ma seule amie*[1]! soupirait Clody. (Vous imaginez le spectacle!)

– Puisque vous me l'ordonnez..., dis-je en souriant.

Je pris Clody dans mes bras, et surmontant mon dégoût, j'embrassai longuement sa bouche empestant l'alcool. Tous applaudirent. Clody sanglotait. Je regardai de nouveau vers la porte. Lena n'avait pas bougé.

– Et maintenant permettez-moi de vous embrasser vous aussi, dis-je en m'avançant vers elle. En récompense, ajoutai-je, assez bas pour que Clody ne m'entende pas.

Je n'osais prendre Lena dans mes bras, ni même m'approcher d'elle de trop près. Son regard méprisant me paralysait. Elle se mordit les lèvres et se retourna brusquement. L'orchestre de jazz entonnait un tango à la mode et je l'aperçus, un instant après, dansant dans les bras d'un inconnu. De ma place auprès du bar je ne la quittais pas des yeux. Je rencontrais de temps en temps son

1. En français dans le texte *(NDT)*.

regard, mais on aurait dit qu'elle ne me voyait pas, tant elle paraissait absente.

J'interrogeai mon voisin :

– Qui est-ce?

– Une amie de Clody, me répondit-il.

XI

Je n'aurais accordé sans doute aucune attention à cette histoire si je ne m'étais ressouvenu le lendemain de l'épisode du train. Sept ou huit années avaient passé depuis, et bien des rencontres, bien des figures de mon séjour en Moldavie avaient commencé à s'effacer de ma mémoire. Il est d'autant plus étonnant, je crois, que j'aie retenu avec une telle précision les détails de ma première rencontre avec Lena : cette tête de fillette, le parfum de ses cheveux, la couverture du roman qu'elle lisait, son accent français si correct — tout cela s'était gravé dans mon esprit et revenait tout à coup à la surface. Je ne peux pas dire que la jeune personne dont j'avais fait la connaissance chez mon amie m'eût attiré particulièrement. Elle était très belle, mais elle avait une de ces beautés que l'on découvre seulement après coup. Ce qui frappait particulièrement en Lena c'était la distinction du visage, la pureté du regard; ce n'était pas l'un de ces minois jolis mais en réalité communs que l'on rencontre partout dans les salons bucarestois.

Et cependant, je suis presque sûr que s'il n'y avait rien eu d'autre je l'aurais oubliée. J'étais alors passablement accaparé par mes liaisons et puis, d'une façon générale, je dois dire que les femmes distinguées ne me plaisaient guère. Je les trouvais pédantes et solennelles, qualités ou traits de caractère que je ne peux supporter. A quelque temps de là je demandai à Clody qui était l'amie qu'elle m'avait présentée comme un « oiseau rare ».

– Une fille très intelligente, me dit-elle.

Puis elle m'apprit que Lena habitait ces derniers temps chez deux vieilles tantes maniaques, que c'est seulement tout récemment qu'elle avait eu le courage de quitter leur logis et de s'installer chez une amie architecte. Elle me dit une quantité de choses amusantes à propos des tantes : elles l'accompagnaient partout, même lorsqu'elle allait à l'étranger. Lena avait séjourné quelque temps en Suisse pour y faire des études. Quelles études, Clody ne savait pas exactement : de la musique, de la danse classique ou rythmique, enfin quelque chose dans ce genre. En tout cas, c'était quelqu'un de très original et de très intelligent.

– Mais pourquoi cette question?, s'étonna Clody après m'avoir parlé de Lena au moins une demi-heure.

– Elle m'a paru impertinente, lui répondis-je.

A vrai dire j'étais gêné : ce n'était guère mon habitude de m'intéresser aux invités de Clody. Je me mis alors à parler d'autre chose. Mais cette phrase de Lena : « Je n'ai aucun cousin... », me hantait particulièrement. Je pensais : peut-être que cet ami de la gare m'a menti. Mais c'était absurde, il n'avait aucune raison. Au bout d'un moment Clody, remarquant mon air soucieux et absent, me demanda ce que j'avais. J'inventai un motif quelconque. Si je me souviens bien, je lui dis que mes affaires m'obligeaient à partir de Bucarest plus tôt que je n'aurais voulu.

Je revis Lena quelques jours plus tard, toujours chez Clody. Elle me parut extrêmement réservée à mon égard, presque rigide. Elle m'évitait même, elle me répondait aussi sèchement que possible, presque effrontément. Mais elle n'alla tout de même pas jusqu'à me refuser une danse. Je m'en souviens parfaitement : c'était *Always*, un tango à la mode ces années-là. Elle dansait très correctement, mais je voyais bien qu'elle était troublée de me sentir tout contre elle. Et cela me flattait. J'avais eu au début l'impression que Lena me méprisait, et comme j'étais très orgueilleux cette intimidation à mon approche me causait un plaisir immense. Je la conduisis au bar. Elle demanda une limonade. J'insistai pour qu'elle prenne autre chose : toutes les autres filles avaient des verres de cocktail à la main.

– Je ne bois jamais d'alcool, me dit-elle.

– Même quand vous êtes amoureuse? lui demandai-je, fort stupidement du reste.

Elle me jeta un coup d'œil sans complaisance et sourit. (Comme je me souviens bien de tout ce qui suivit!)

– C'est probablement la première étape, dit-elle.

Ne comprenant pas ce qu'elle voulait dire, je lui demandai :

– La première étape de quoi?

– Je pense que vous dites cela à toutes les femmes auxquelles vous essayez de faire la cour.

– En premier lieu je n'essaie nullement de vous faire la cour, lui répondis-je, arborant l'un de ces sourires placides dont j'étais fier. (Excusez-moi, mais je ne veux vous cacher aucune nuance de ma vulgarité précieuse d'alors.)

– Je suis heureuse de l'apprendre, me dit-elle en souriant. D'autant plus que vous non plus vous n'êtes pas mon genre.

– Je m'en doutais, ajoutai-je. Vous avez un penchant spécial pour les cousins officiers...

Elle se tut quelques instants, avalant lentement, sans me regarder, son verre de limonade. Elle paraissait réfléchir. Sur ce parut Clody qui, nous voyant l'un à côté de l'autre silencieux, en fut sans doute intriguée, car elle me prit le bras, me forçant à l'inviter à danser. Une petite scène de jalousie s'ensuivit qui me contraria encore plus. Quand je réussis à me retrouver seul, Lena était dans un autre groupe, discutant avec beaucoup d'animation. Je fis semblant de ne pas faire attention à elle, et me mis à me promener d'une pièce dans l'autre d'un air détaché. Je rencontrais partout les mêmes couples sans pudeur et pour la première fois ce spectacle me parut pénible. Tous ces jeunes se ressemblaient, toutes les filles avaient le même rire sexuel, tous les garçons les mêmes gestes de marionnettes. Je me rasai ainsi encore une heure environ, puis prétextant un rendez-vous d'affaires à un club je pris congé. Me voyant partir, Lena me regarda étonnée et un sourire imperceptible égaya son visage. Elle me parut alors infiniment belle.

– Je m'embête, lui murmurai-je en approchant ma tête de la sienne.

– Voilà votre première parole intelligente, me répondit-elle en souriant. Au revoir!, ajouta-t-elle en me tendant cordialement la main.

Je remarquai qu'elle avait une main extraordinairement pâle, avec des doigts longs et fins, ornés d'une bague sertie d'une grande pierre bleue qui lui allait à merveille.

– Je ne crois pas que nous nous rencontrerons de sitôt, lui dis-je en baisant sa main. Dans quelques jours je pars de nouveau pour la France.

– Et que dit Clody?

Je souris avec cet air de supériorité qu'ont habituellement les hommes quand on fait allusion à leurs succès sentimentaux.

– Elle se résigne! lui dis-je tout bas.

– Elle a tort...

Une fois encore je la trouvai impertinente. Sa bouche – une grande bouche très rouge – me laissa pantois. Comment ne l'ai-je pas remarquée jusqu'ici?, me demandais-je...

Quelques jours plus tard j'étais dans le train de Milan. J'avais oublié toutes ces péripéties et passais le temps dans mon compartiment à lire. Nous atteignîmes la frontière vers le soir. Seuls quelques voyageurs étaient restés et nous attendions avec impatience que se terminent les formalités de l'entrée en Yougoslavie. Le train repartit. Quand on annonça le repas je pris mon livre, un roman de Georges Duhamel, et me rendis au wagon-restaurant. Il était encore presque vide. Je m'assis à une table, seul, et me mis à lire. Mais cinq minutes à peine étaient passées que j'eus l'impression que quelqu'un me regardait. C'était Lena. Elle entrait dans le wagon-restaurant, vêtue d'un simple manteau de voyage, un livre sous le bras. En me voyant elle pâlit, esquissant avec peine un sourire. C'est curieux, mais j'étais troublé moi aussi. Je me levai et lui baisai la main, l'invitant à prendre place à ma table. Elle retrouva vite son contrôle de soi. Retournant le livre que j'avais laissé sur la table, elle y jeta un coup d'œil avec un étonnement de circonstance.

– Mais vous avez des goûts extraordinaires! s'exclama-t-elle.

Je me mis à rire. Son ironie exagérée la trahissait. Mais cette fille commençait à m'amuser avec sa façon de me traiter comme un vulgaire don Juan ou un simple homme d'affaires. Je commandai le repas et appuyant mon menton dans mes mains je la fixai des yeux.

– Serait-ce la deuxième étape?, fit-elle en riant. L'anesthésie de la victime?

– Je crois que vous avez lu trop de mauvais romans, observai-je en continuant de la regarder. Ce livre que vous avez là ne serait-il pas par hasard un roman de Dekobra?

Et je tendis la main pour prendre le livre. Au

même instant Lena voulut le dégager de sous son sac à main et nos mains se rencontrèrent; mais elle retira la sienne aussi brusquement qu'elle l'avait avancée. Je dois reconnaître que j'éprouvai une vague émotion au moment de l'attouchement. Prenant tout de même le livre je le feuilletai. C'était de la poésie allemande.

– Je ne savais pas que vous aimiez la poésie, lui dis-je.

– Avouez-le franchement, vous ne soupçonniez pas que je savais l'allemand, n'est-ce pas? Vous n'aimez pas les Allemands...

– C'est vrai, je ne peux pas les souffrir...

– J'ai longtemps vécu à Zurich, ajouta-t-elle en reprenant son livre.

– Pourquoi précisément à Zurich?, demandai-je.

– J'ai essayé de faire quelques études mais j'y ai renoncé...

– Pourquoi? fis-je, intrigué.

– Je n'ai aucune espèce de talent. A un certain âge, ajouta-t-elle en riant, toutes les filles rêvent d'être artistes. Je n'ai pas échappé à la règle. Mais j'ai bientôt compris que ça n'allait pas et j'ai laissé tomber...

– *Mieux vaut tard...* [1], répliquai-je, mais son visage rayonna tout à coup d'une telle ironie que j'eus honte de citer un proverbe aussi banal et m'interrompis à mi-chemin. J'étais intimidé comme

1. En français dans le texte *(NDT)*.

devant mes professeurs autrefois, quand je disais une bêtise...

– Et maintenant quels sont vos projets? dis-je pour changer la conversation.

– Pour le moment je retourne à Zurich, pour quelques mois. Peut-être me découvrirai-je un talent quelconque, peut-être trouverai-je un métier...

– Mais vous êtes *une femme*, dis-je. Pourquoi voulez-vous absolument avoir un métier? Vous n'avez qu'à vous marier...

– ... Et faire des enfants, ajouta-t-elle en souriant. Ça aussi c'est un métier, je le reconnais. Mais je crains bien de n'avoir aucune vocation pour cela. Je veux être libre. J'ai eu assez de mal à conquérir ma liberté, croyez-moi, ajouta-t-elle avec un sourire triste. J'ai enterré beaucoup d'années de ma vie...

Je me mis à rire, et ma gaîté grandissait à mesure que l'étonnement s'étendait sur son visage.

– Et que devrais-je dire, répliquai-je, moi qui ai perdu cinq années de ma vie à étudier en vue d'un métier qui ne me plaisait pas, et quatre autres à faire la guerre? Vous allez me croire bien vieux...

– Il n'est pas question de cela, dit-elle très calmement. La guerre est un destin. Pour les hommes du moins. Le mariage et le reste, c'est une coutume. On choisit cette voie faute de mieux.

Nous terminâmes le repas en discutant avec pas mal d'animation d'une série de choses frivoles et solennelles en même temps. Je remarquai qu'elle n'avait pas touché au verre de vin que je lui avais versé.

– Vous n'êtes toujours pas amoureuse?, fis-je en manière de plaisanterie, montrant le verre.

Elle ne me répondit pas immédiatement. Elle me regardait et de nouveau je remarquai la même lueur d'ironie qui allumait son regard.

– C'est étrange comme vous êtes obsédé par votre vocation de coureur de jupons, observa-t-elle au bout d'un moment. Et pourtant je me suis rendu compte que vous pouviez être assez sérieux. Mais peut-être tenez-vous à tout prix à vous sous-estimer... C'est dommage...

Nous nous levâmes de table en riant. Comme elle voyageait en deuxième classe et moi en wagon-lit, nous prolongeâmes notre conversation dans le couloir. Tard le soir elle me souhaita bonne nuit et partit se coucher. Elle était seule dans son compartiment.

Le lendemain matin nous nous revîmes au wagon-restaurant. Elle ne paraissait absolument pas fatiguée, malgré une nuit passée sur la banquette.

Nous prîmes la même table. Je lui demandai si elle ne comptait pas s'arrêter quelque temps à Venise. Quant à moi, je n'étais pas encore décidé; je voulais d'abord connaître son intention.

– Venise est bien triste l'hiver, me dit-elle.

Nous parlâmes d'autre chose. Lorsque nous nous levâmes de table je lui demandai la permission de lui tenir encore un peu compagnie dans son compartiment. Elle accepta mais je vis que cela ne lui plaisait pas particulièrement. Préférait-elle rester seule, rêver en regardant par la fenêtre, lire? Je ne sais. Dans son compartiment il y avait quelques voyageurs, des Serbes. Leur présence, peut-être, la gênait. Je me retirai aussi vite que je pus.

A la frontière italienne de nouveau nous nous retrouvâmes à peu près seuls. Je la rejoignis dans le couloir. Elle me dit de but en blanc, en souriant :

– Pardonnez-moi si je suis indiscrète, mais il y a une chose que j'aurais voulu vous demander depuis hier soir... Je voulais vous demander, ajouta-t-elle sans tenir compte de mon étonnement, comment vous faites pour supporter Clody...

Je rougis brusquement. Je n'avais aucune espèce de scrupules à propos de cette liaison – connue du reste de beaucoup de personnes – mais la question me prenait au dépourvu.

– C'est une très brave fille..., balbutiai-je.

– Ça je le sais, fit-elle avec une certaine nervosité. Mais comment acceptez-vous de partager votre amour avec un autre?

– Ce n'est pas vraiment de l'amour, dis-je, recouvrant mon calme. Plutôt une camaraderie... entre autres choses.

– Camaraderie ou pas, vous *partagez* tout de même quelque chose, non? Cela ne vous humilie pas? Il me semble que le rôle d'amant doit être bien pénible...

Je souris; j'aurais voulu répliquer : en tout cas, pas aussi pénible que celui de mari...

– Je sais à quoi vous pensez, dit-elle, interprétant mon sourire. Mais cela n'excuse rien. Il va de soi que cela n'excuse pas un *homme*, ajouta-t-elle, soulignant le mot. Cela excuse seulement un don Juan de la plus mauvaise qualité...

– Et comment procèdent donc en pareil cas les don Juans de qualité supérieure?, répliquai-je, m'efforçant de paraître le plus ironique possible.

– Ils poussent leur bien-aimée au désespoir ou au suicide, quand elle ne prend pas le voile – mais ils ne la partagent avec personne. Du reste le vrai Don Juan s'est rendu célèbre non par le nombre de ses aventures sentimentales mais par le nombre de femmes qui sont mortes pour lui...

– Votre théorie est bien curieuse, dis-je en riant. En d'autres termes, les hommes qui se contentent de partager une femme avec un autre mais qui la laissent vivre sont méprisables; seuls sont dignes d'éloges les amants qui confisquent une femme exclusivement pour eux, quelques semaines durant, pour la livrer ensuite à la mort.

– « Aux griffes de la mort », devriez-vous dire, cette expression serait plus conforme à votre indignation, répondit Lena. Mais ce n'est pas ce que j'ai dit. Je n'ai pas dit qu'un don Juan était digne d'éloges ou non, je me suis contentée de vous rappeler que l'amour d'un don Juan a tout de même en lui quelque chose d'absolu...

– Peut-être, rétorquai-je. Mais il s'achève, comme vous le disiez, par la mort...

– Cela n'a aucune importance, fit-elle brutalement. L'un ne va pas sans l'autre. Et puis, que voulez-vous? A quoi bon avoir connu Don Juan, si c'est pour continuer à vivre et à faire des enfants... C'est impossible... Ou alors il faut se contenter de moins...

Elle ne termina pas sa phrase. Elle me fixa seulement des yeux, avec un très léger sourire. La conversation prenait un tour intéressant. D'habitude je ne parlais pas tellement d'amour avec les femmes; en tout cas, pas sérieusement. Apparemment, cette fille sévère prétendait me donner des leçons. C'était franchement amusant.

– Il faut se contenter de moins, disiez-vous. Vous voulez dire : d'hommes de mon genre?, lui demandai-je en m'efforçant de rire.

– Oui, fit-elle avec une grande simplicité.

Un silence se fit alors, durant lequel nous nous regardions sourire tous deux. Puis elle ajouta :

– Clody, je la comprends, elle n'a pas besoin de Don Juan, elle; elle a besoin seulement *d'amants.*

Il me sembla qu'elle appuyait sur le mot « amants » avec une certaine brutalité. Peut-être voulait-elle me rendre jaloux, m'humilier?

– A propos, saviez-vous que vous n'êtes pas seul?, reprit-elle, très calmement. Clody se sert de vous, elle, ajouta-t-elle avec beaucoup de malice. Du reste, c'est elle qui vous a choisi, n'est-ce pas?

Et elle éclata de rire.

– Pardonnez-moi de vous dire tout cela, ajouta-t-elle, retenant son rire. Mais je suis convaincue que vous ne croyez pas non plus vous-même aux succès des hommes. A part ceux de Don Juan, cela va de soi. Les autres hommes sont utilisés, selon leur tempérament. Je comprends très bien Clody. Elle veut s'amuser. Et c'est réellement une fille adorable... Mais vous, je vous comprends plus difficilement...

– Que voulez-vous dire exactement?, demandai-je nerveusement. Amour éternel, exclusivité, mort : je n'ai pas entendu depuis longtemps ces mots d'avant la guerre...

Je me rappelai à cet instant comment Clody avait qualifié son amie : la dernière vierge du XIXe siècle. Vraiment, ces idées médiévales s'accordaient bien peu avec le milieu où je vivais, avec le milieu où j'avais connu Lena, malgré son désir de liberté et d'autonomie.

– Des mots d'avant la guerre, dites-vous : je me demande si même avant la guerre vous compreniez bien leur sens.

Sur quoi, sous un prétexte quelconque elle se retira dans son compartiment.

Nous ne nous revîmes que le soir, à Venise, sur le quai de la gare. Je pense qu'elle m'avait évité durant tout cet intervalle, peut-être pour que je n'apprenne pas si elle comptait ou non s'arrêter à Venise. La voyant descendre ses bagages, je feignis l'étonnement :

– Je croyais que Venise était triste l'hiver, lui dis-je en souriant.

– D'habitude oui, répondit-elle.

Je lui demandai quel hôtel elle choisissait. Elle en connaissait un, modeste, près de la gare. Je lui proposai de venir sur le Gran Canale, mais elle éclata de rire et je compris que je faisais une gaffe. Ce qui est curieux, c'est que jusque-là je ne prêtais guère attention à toutes ces petites blessures d'amour-propre que, sans le vouloir, je causais à certaines personnes. Je n'étais absolument pas sensible à cet égard. Mais cette fois je rougis et lui demandai la permission de descendre dans le même hôtel. Je connaissais assez bien la Venise d'après la guerre et voulais la lui faire visiter. Nous partîmes sans dire un mot. Il ne faisait pas très froid, mais le ciel s'était chargé et le vent commençait à souffler. Elle mit son manteau dès que nous fûmes sortis de la gare. L'hôtel était très proche. Nous marchions l'un près de l'autre, continuant à nous taire, sans nous regarder. A la façon dont elle s'adressa au portier je compris qu'elle préférerait ne pas avoir la chambre voisine de la mienne. Je demandai donc pour moi une chambre plus grande. Puis nous nous séparâmes. Demeuré seul dans ma chambre je m'en voulus d'avoir choisi cet hôtel. Il était assez médiocre et la solitude le rendait encore plus déprimant. En outre je m'en voulais d'avoir tenu tellement à être près de Lena. Je n'éprouvais pas à proprement parler de la peur, mais je ne souhaitais pas non plus qu'il se produisît quelque chose, une nouvelle aventure, une nouvelle liaison. Je soupçonnais qu'une femme comme elle ne serait pas commode du tout. Et puis, ses airs supérieurs... M'étant changé, je partis manger dans un restaurant du centre. Ce faisant je lui prouvais que je ne tenais absolument pas à ce que nous nous trouvions ensemble, que j'avais choisi cet hôtel pour être utile à une compatriote, un point c'est tout.

Après avoir mangé je sortis prendre un café au *Florian*. Tard le soir, vers 11 heures, je rentrais à l'hôtel. En traversant la Piazza San Marco, absolument vide l'hiver à cette heure, j'aperçus la silhouette de Lena. Elle se promenait tranquillement, nez au vent. Une joie inattendue s'empara de moi. C'est comme si elle m'avait manqué tout le temps que j'avais passé seul. Je lui serrai la main plus chaleureusement qu'il eût été permis, et elle me regarda étonnée :

– Vous rentriez à l'hôtel?, lui demandai-je.

Elle fit « non » de la tête, puis me répondit qu'elle préférait se promener. La Piazza lui plaisait beaucoup à cette heure de la nuit. Lui demandant la permission de l'accompagner je lui pris le bras. Nous sursautâmes tous deux. Elle me demanda quand j'étais venu à Venise pour la première fois. Je me mis à rire : quinze années avaient passé depuis! Elle tourna la tête, comme si elle avait voulu mieux me regarder.

– Oui, dis-je, c'était en 1909. J'allais en France. Étudier.

– C'est fantastique! s'exclama-t-elle.

– Pourquoi?

– Cela me paraît si... étrange. Vous êtes jeune, en tout cas assez jeune pour que je puisse vous interdire de me faire la cour sans que vous vous fâchiez – et malgré cela vous avez connu un monde dont il me semble que le gouffre le plus profond nous sépare. Vous vous souvenez encore comment s'habillaient les femmes à cette époque?

– Je m'en souviens parfaitement, dis-je en souriant.

– Je crois qu'elles portaient de longues robes avec des franges, des chapeaux énormes, chargés de fleurs, des gants de soie noire, jusqu'aux coudes... Et puis elles lisaient Paul Bourget... Vous en avez aimé une?

– Je n'ai jamais été amoureux. Mais j'ai connu pas mal de femmes. Je ne sais ce qu'il est advenu d'elles, où elles sont passées, comme ça, tout à coup...

– Elles ont vieilli, dit-elle avec mélancolie.

– Je ne crois pas que ce soit cela, rétorquai-je, car je ne voulais absolument pas paraître vieux avec mes 35 ans. Mais elles ont changé, ou du moins la plupart d'entre elles sont mortes pendant la guerre... Je ne peux croire que la mort se soit contentée de faucher seulement les hommes sur les fronts. Des millions de femmes aussi ont probablement été enterrées vivantes alors...

Elle ne répondit pas. Elle se contenta de me regarder encore une fois. Puis nous continuâmes notre promenade en direction du débarcadère.

– J'ai froid, dit-elle tout à coup.

Je la sentis alors se pelotonner contre moi sans réfléchir. J'eus à cet instant l'impression que cette femme ne pourrait plus me résister. Je ne saurais dire si je m'en réjouis, ni dans quelle mesure. J'étais habitué à deviner cet instant en présence d'une femme, et je savais qu'alors un simple geste suffisait pour qu'elle se donne à moi. Nous pressâmes le pas, gardant l'un et l'autre le silence. N'ayant plus la patience d'attendre le vaporetto, nous fîmes signe à un bateau à moteur. Nous nous assîmes l'un près de l'autre, l'air concentré, sans nous regarder. En quelques minutes nous fûmes devant la gare. Je l'aidai à sauter sur la passerelle, lui pris le bras et nous entrâmes dans l'hôtel sans nous dire un mot. Je demandai les clés au portier. Elle regardait vaguement devant elle. Je me rendais parfaitement compte qu'elle ne réalisait pas ce qui lui arrivait, mais qu'il serait au-dessus de ses forces de se défendre, de se réveiller même. Toute femme passe par cette sorte d'anesthésie, cette sorte d'état où le premier venu peut l'avoir, presque sans effort. Lena montait les escaliers en s'appuyant légèrement sur mon bras. Je me demandais alors, très calme, très lucide, dans quelle chambre j'allais entrer : dans la sienne ou dans la mienne. Et je me disais : c'est mieux chez elle, car je pourrai me retirer quand je voudrai...

Je me rappelle parfaitement la scène. J'allumai la lampe et l'aidai à se déshabiller. On aurait dit qu'elle commençait à se troubler; elle me regardait fixement dans les yeux. Est-ce qu'elle ne comprenait pas encore? Piqué surtout par ma curiosité, par l'envie de voir ce qu'elle allait faire, je m'approchai, la pris lentement dans mes bras, l'embrassai sur les lèvres. Elle ne savait pas, ou ne pouvait pas embrasser. Je crois que la sensation n'aurait pas été très différente si je l'avais embrassée sur la bouche sept ou huit ans auparavant, dans la gare. C'était encore une enfant, ni plus ni moins. Cette découverte aiguillonna mon orgueil. Je me rappelai alors ses opinions sur l'amour, sur Don Juan. J'étais tout aussi calme et tout aussi lucide qu'à l'instant où je l'entendais me murmurer : « J'ai froid » et où je compris qu'elle serait à moi. J'étais tenté même d'être ironique, de lui dire qu'elle ne savait pas embrasser ou une stupidité de ce genre. Mais je me retins, me contentant de la couvrir de baisers en lui ôtant ses vêtements. Elle ne parvenait pas à se réveiller. Elle résistait plutôt par simple force d'inertie...

Une heure environ plus tard j'allumais la lampe et commençais à m'habiller. J'étais abasourdi. Elle était vraiment vierge. Aucune caresse n'avait pu troubler ce corps fatigué et glacé. Elle continuait maintenant encore à me regarder de ses grands yeux étonnés. Je ne savais comment faire pour me retirer sans la blesser. Je commençais à avoir sommeil, et sa présence me pesait. Il fallait dire quelque chose, rompre le silence. Je lui pris la main et la baisai.

– A quoi penses-tu? lui demandai-je.

Elle lutta longtemps pour arriver à sortir un mot.

– J'ai l'impression que cela m'est déjà arrivé une fois, murmura-t-elle, respirant avec peine, et je ne peux me souvenir...

– Ne crains rien, fis-je avec vulgarité, cela n'a pas pu t'arriver déjà...

Elle me regarda de nouveau dans les yeux, avec une grande attention. C'est comme si elle avait fait des efforts pénibles pour se rendre compte de ce qui lui arrivait, où elle se trouvait. Tout à coup elle devint toute rouge, jusqu'aux oreilles, et se mit à lancer des regards effarouchés à travers la pièce. Avait-elle compris, avait-elle deviné quelque chose de plus à cet instant? Je ne saurais le dire. J'eus subitement pitié d'elle et comme ce sentiment m'était insupportable, déposant un baiser sur son front je sortis de la chambre sur la pointe des pieds.

XII

Le lendemain matin je me réveillai assez mal en train. Dehors le temps paraissait encore plus maussade. Le vent avait redoublé d'intensité. Je commençais à regretter les événements de la nuit précédente. Ils me paraissaient absolument dénués de sens; ils me créaient un tas d'ennuis auxquels je n'avais pas pensé. Peut-être faudra-t-il prolonger mon séjour à Venise, me disais-je, et cela compliquait mes affaires. Évidemment j'aurais pu partir, mais je n'osais pas. Et puis, certes, j'avais possédé Lena, mais elle n'avait pas connu l'amour dans mes bras, c'est tout juste si elle m'avait senti. J'étais atteint dans ma dignité. Je ne voulais pas la quitter avant qu'elle me connût réellement. Je ne consentais à quitter une femme qu'après que je fusse certain qu'elle me regretterait. J'essayais de la rendre heureuse au sens concret, physiologique du mot, seulement pour satisfaire mon orgueil, et j'éprouvais une jubilation stupide quand je découvrais plus tard que la femme que j'avais aimée et que j'avais quittée souffrait, qu'elle était malheureuse... Et puis, évidemment, il y avait

Clody. J'aurais pu renoncer à elle assez aisément. Mais la rupture, en un pareil moment, à la suite de ma rencontre avec Lena, aurait été désagréable. Il m'eût fallu renoncer à fréquenter une maison où je m'amusais bien et où j'avais un tas d'amis. J'avais coutume jusque-là de préparer mes séparations en évitant de rompre totalement les relations. Je reconnais que j'étais avant tout un homme qui aimait son confort.

Il fallait prendre une décision. Je m'habillai avec beaucoup de soin et frappai à sa porte. J'entendis sa voix, une voix lasse, demander qui était là. Puis elle ouvrit. Je sollicitai la permission d'allumer une cigarette et de m'asseoir sur une chaise.

– Tu as un projet quelconque pour la journée d'aujourd'hui?, lui demandai-je.

– Non, rien de précis, me dit-elle d'un ton indifférent.

Je la regardai. Elle n'avait visiblement pas dormi de la nuit. Les cernes de son insomnie m'allaient au cœur comme des reproches et ils paralysaient en moi toute initiative. Je fumais. Il me sembla qu'elle cherchait son chapeau avec insistance.

– Me permets-tu de t'accompagner?, lui demandai-je.

– Pourquoi pas?

Son ton n'était nullement encourageant. Je souris toutefois – que pouvais-je faire d'autre? Puis nous sortîmes ensemble, silencieux, remîmes nos clés au portier comme deux personnes étrangères l'une à l'autre, et nous prîmes la rue principale, vers la Piazza.

– C'est vrai que Venise est triste l'hiver, dis-je.

Elle acquiesça de la tête. Elle s'arrêta devant une vitrine pleine de coraux et d'objets d'art.

– Ce sont des imitations, lui dis-je.

Cette fois elle me regarda, étonnée, dans les yeux. Il me sembla que j'apercevais un sourire, très triste, sur ses lèvres. Et je me rendis compte qu'elle était extrêmement belle quand elle souriait ainsi.

– Oui, ce sont des imitations, répéta-t-elle à son tour.

J'ignore si elle pensait à quelque chose d'autre en prononçant ces mots, mais ils me troublèrent. Et si c'était une allusion à ma personne? Je lui pris le bras.

– Fais attention de ne pas prendre froid, il fait un vent terrible, dis-je.

Puis nous fîmes un bout de promenade, toujours silencieux. Nous nous arrêtâmes sur un pont. Les murs étaient lugubres, les canaux étaient déserts. J'aurais voulu lui dire au moins une belle parole. Mais la tristesse glacée de l'hiver sur la ville me serrait le cœur, me nouait la gorge.

Tard, après que nous eûmes parcouru la Piazza de long en large, je lui demandai si elle ne voulait pas entrer dans un restaurant. Elle fit « oui » de la tête. Je choisis une *trattoria* au hasard, et nous nous mîmes à table comme deux époux brouillés. Nous regardions tous deux vers la fenêtre. On apercevait des passants pressés, on entendait de temps à autre un enfant courageux pousser des cris en affrontant le froid. Je tentai plusieurs fois d'animer la conversation, mais Lena ne me répondait que par monosyllabes.

– Qu'est-ce que tu as?, lui demandai-je à la fin, un peu exaspéré.

– Rien de précis, me dit-elle, baissant les yeux. C'est justement ça qui me déprime : de ne pas savoir ce que j'ai...

Je lui versai un verre de vin, et elle le but. Je la regardai vider le verre. Elle ne buvait pas par ennui mais comme si elle avait eu soif, comme si elle attendait ce verre depuis longtemps...

– C'est le premier verre de vin que tu bois, lui dis-je.

– Cela me plaît, dit-elle simplement.

Puis elle leva les yeux et me regarda. Je soutins son regard, avec le même sourire un peu gêné.

– Et tout ça c'est à cause de toi, ajouta-t-elle tout à coup (je rougis légèrement en l'entendant me tutoyer). Tout ça parce que tu ne sais rien...

J'étais surpris, étonné. J'attendais qu'elle continue, je voulais comprendre ce qu'elle voulait me dire. Mais son regard maintenant m'oppressait.

– ... Tout aurait pu être autrement, ajouta-t-elle d'une voix étouffée. Tant de fois j'ai pensé à cette rencontre, j'en ai rêvé tant d'années...

Je sursautai. Était-ce vraiment à moi qu'elle pensait? Je pris sa main. Elle me l'abandonna, toute molle. Ses yeux se mouillaient, s'emplissaient d'une tristesse discrète.

– Tu as pensé à moi parfois?, lui demandai-je.

Ma voix était fausse et criarde, mais sans doute ne remarqua-t-elle rien, car elle répondit avec la même simplicité :

– Oui. A quoi bon continuer de te mentir; c'est absurde, mais autant te dire la vérité : je suis amoureuse de toi...

J'aurais voulu crier par-dessus la table : Lena! Mais cela aurait été épouvantable. Je me contentai de prendre encore sa main et de la baiser.

– Longtemps j'ai lutté, ajouta-t-elle en se mettant à pleurer. Reconnais toi aussi que je me suis défendue, que je t'ai fui... J'avais peur...

Elle chercha à la hâte son mouchoir, le mit sur sa bouche. J'étais là, près d'elle, abasourdi, ne sachant ce que je devais faire, ce que je devais dire.

Se calmant un peu, elle murmura au bout d'un moment :

– C'est pénible... Mais tu n'es pour rien dans tout cela... Je te prie de me pardonner. Nous pouvons nous séparer si tu veux, quand tu voudras...

Je balbutiai quelques mots au hasard. Je dois le reconnaître : j'étais ému moi aussi. Je ne sais si elle s'en aperçut, mais elle commença à me regarder avec plus de chaleur, avec même une certaine sympathie. Elle sourit et me prit la main.

– ... Je me doute dans quel embarras je t'ai mis. Que quelqu'un s'accroche à ton cou comme ça sans crier gare..., ça doit être rasant...

Ces mots me firent mal. Je croyais jusque-là

que c'était moi qui avais fait sa conquête, par ma volonté, par mon audace. Or maintenant c'était elle qui me témoignait sa compassion... Je voulus me défendre :

– Ne proteste pas, me dit-elle. Je me rends très bien compte que dans tout cela tu n'as absolument rien à te reprocher. Tu es totalement innocent, ajouta-t-elle. Pardonne-moi de te dire cela, mais je ne veux pas que tu aies le moindre remords que ce soit...

Je ne tenais plus en place, ses dernières paroles me blessaient plus encore. Elle me regarda, branlant la tête, puis elle ajouta, comme si elle avait voulu achever sa pensée :

– ... J'espérais au moins que tu t'y connaissais en amour. Mais je crois que tu serais incapable de tomber amoureux...

Elle eut un sourire si délicat et elle me parut tout à coup si adorable de la tête aux pieds que je lui pris la main et la baisai.

– Je vais essayer, dis-je en retrouvant mon calme. Combien de jours me donnes-tu?

Elle plongea ses yeux profondément dans les miens puis elle rit. Elle était rayonnante, elle était devenue tout à fait autre. Son visage s'était épanoui, ses yeux brillaient d'une lueur chaude. Et ce changement me troubla.

– Cinq jours te suffisent?, me demanda-t-elle sur le ton de la plaisanterie.

– C'est beaucoup plus qu'il n'en faut!

Je voulus appeler le garçon pour l'addition. Mais Lena me prit le bras :

– A une condition cependant, ajouta-t-elle : que tu ne triches pas.

Ce qui se passa après, il m'est très difficile de le raconter. Je n'ai toujours pas réalisé exactement aujourd'hui. Nous rentrâmes tout joyeux à notre hôtel – mais je suis sûr que chacun de nous vivait sa joie à lui, tout à fait différente de la joie de l'autre. Je me sentais *bien*, comme on dit. C'était une fille jeune, belle, intelligente, elle m'aimait et je l'avais possédée. C'est à peu près tout ce qui comptait pour moi. Je ne pensais à rien d'autre, je ne soupçonnais rien d'autre. L'aventure devenait agréable, c'est tout. En cinq jours il fallait que je tombe amoureux d'elle; que je réussisse à l'aimer, ou plutôt que je réussisse à le lui faire croire. Ensuite les choses se dérouleraient tout naturellement. Nous nous reverrions à Bucarest, nous continuerions à coucher ensemble, nous irions au théâtre, à l'opéra...

Cette nuit-là je commençai à découvrir son corps. N'ayant aucune espèce de don, je ne sais comment vous communiquer des détails aussi délicats. Mais il se produisait quelque chose de bizarre, dont je ne me rendais pas très bien compte : je crois que je commençais à tomber amoureux d'elle. L'imagination n'avait rien à voir avec cette passion qui s'allumait lentement. Je me disais parfois, quand je prétendais être lucide, que c'était seulement un jeu, seulement une illusion. Que je *croyais* être amoureux parce que je le lui avais promis, parce que je m'efforçais de lui donner cette joie, parce que je voulais la voir heureuse. Je ne sais comment vous expliquer ce qui m'est arrivé durant ces quelques jours. Je m'aperçus subitement un matin que je ne pouvais plus supporter la solitude, qu'il était absurde que je continue de rester seul, là dans ma chambre, malheureux, alors que je pouvais si facilement rejoindre Lena. Je tentai de résister. Je me promenai quelques minutes dans ma chambre, fumant une cigarette. Bientôt, n'y tenant plus, je descendis. Je la trouvai devant sa fenêtre, le front plaqué contre la vitre. Elle sursauta en m'entendant ouvrir la porte. Une demi-heure n'était pas passée depuis que nous nous étions séparés. Je pris ses épaules dans mes bras et la tirai doucement vers moi.

– Tu sais, lui dis-je, je ne peux pas... je ne peux plus rester un seul instant séparé de toi...

– Moi non plus, m'avoua-t-elle avec simplicité.

– Je crois que je suis vraiment amoureux.

J'avais dit cela comme si la chose concernait quelqu'un d'autre. Nous nous assîmes tous deux sur le canapé. J'étais embarrassé, timide, et pourtant un bonheur imprécis commençait à m'envahir. J'aurais voulu m'humilier, lui dire que j'avais été lâche et ridicule avec elle. Mais cela me paraissait puéril, absurde. Je me sentais très bien ainsi, tourmenté mais heureux. Lena me regardait avec une lueur de curiosité dans les yeux comme si elle s'était attendue à m'entendre énoncer quelque chose de grave, d'important, d'urgent.

– Qu'est-ce que tu as, mon chéri?, me demanda-t-elle au bout d'un moment en me caressant le front.

– Je ne sais comment t'expliquer..., balbutiai-je.

Elle me serra tout à coup très fort dans ses bras et je ne pus terminer ma phrase. Sa bouche sur la mienne me coupait le souffle...

Nous quittâmes Venise une semaine plus tard. A Milan c'est tout juste si je m'enquis de mes rendez-vous d'affaires... Tout maintenant me paraissait sans importance. Mais j'aurais été bien en peine de dire ce qui avait changé en moi. Je ne m'intéressais pas plus à mes affaires qu'à mes examens de l'école d'ingénieurs aussitôt après mon arrivée au front. Et il y avait encore quelque chose de curieux, c'est que cet amour me changeait d'autant plus que je connaissais mieux Lena. Charnellement, s'entend. Sa présence concrète me transformait, m'enivrait. De là, de son corps naissaient tant de forces obscures que je sentais pénétrer en moi. Je ne sais comment définir ce sentiment étrange. Ce que je pourrais appeler mon élévation, ma purification, mon parachèvement – comme vous dites – avait sa source et puisait sa force exclusivement dans l'étreinte, dans la possession charnelle. J'étais incapable d'aimer comme certains hommes aiment, à ce que l'on m'a raconté : angéliquement, avec des renoncements, des sacrifices... Non, moi c'était le contraire : plus elle était près de moi, plus je la sentais mienne, et plus mon âme se dissolvait dans une passion pure, une passion telle que je n'en avais pas connu jusqu'alors.

Un jour, après notre départ de Milan, dans le train de Nice, elle me dit, mine de rien :

– Je voulais te demander une chose, mais je n'osais pas... Je voulais te demander... de ne pas me partager...

Je ne comprenais pas très bien ce qu'elle voulait dire.

– Clody..., ajouta-t-elle, appuyant sa tête contre la fenêtre du wagon.

Il était au-dessus de ses forces de me partager avec elle, avec quelque autre femme que ce fût...

– C'est vieux, ça, lui dis-je pour la tranquilliser.

– Auras-tu le courage de le lui dire?, me demanda-t-elle.

Naturellement, j'hésitai quelques instants. Je lui pris la main comme un ami quêtant un conseil, une consolation.

– Sinon, je le lui dirai moi-même, ajouta-t-elle. Ce serait pénible si elle devait apprendre que nous lui avons menti tous deux.

Mais la seule évocation du nom de Clody l'avait troublée.

– Si je pouvais oublier certaines choses, dit-elle d'un ton presque découragé. Si je pouvais oublier ce baiser devant moi...

Elle frissonna et voulut retirer son bras de mes mains. Je lui dis alors :

– Moi je m'efforce d'oublier ton passé.

– Je n'ai aucune espèce de passé, dit-elle en jetant un regard vague par la fenêtre.

– Et le cousin de la gare, alors?

Elle se tourna brusquement vers moi, le visage empourpré.

– Ce n'est pas vrai, je n'ai pas de cousin...

Je me mis à rire. Tout de même, sa panique m'intriguait. Pourquoi souffrait-elle tellement, pourquoi se troublait-elle tellement lorsque je lui rappelais ce détail? Plus tard, quand la jalousie commença à me tourmenter jusqu'à la maladie, je me souvins avec terreur de la vie en Moldavie à l'époque de l'exode, de l'impertinence des officiers, de la légèreté des femmes, de la bestialité des Russes. Comment Lena avait-elle réussi à échapper à cet enfer? Et y avait-elle échappé vraiment?

– Et tu n'as jamais été amoureuse? lui demandai-je.

Elle me répondit précipitamment, comme quelqu'un qui se débat : « Non! » Me disant qu'il n'y avait aucune raison d'insister, je changeai la conversation; mais un doute commençait à me ronger, un doute vague. Peut-être aurais-je moins souffert si elle m'avait avoué ouvertement qu'elle avait eu tant et tant d'idylles. Je me rendais parfaitement compte que c'était une chose normale à son âge. J'étais sûr en outre que rien de ce qui avait pu se produire avant moi n'avait guère eu d'importance pour elle. En se donnant à moi, elle s'était donnée pour la première fois. Je sentais qu'elle était amoureuse de moi, qu'elle m'appartenait. Mais cet entêtement à refuser de me dire quoi que ce fût me troublait encore plus...

Quelques jours plus tard nous étions à Nice. J'y rencontrai de nombreuses connaissances à moi, en grande partie des amis de Bucarest. Lena et moi étions logés au même hôtel, mais dans deux chambres séparées. Quelqu'un me félicita, avec un sourire :

– Elle est très bien, ta fiancée...

– Nous ne sommes pas fiancés, lui répondis-je.

Pourtant cette pensée dès lors m'obséda. L'idée ne m'en était pas venue jusque-là, mais cela aurait pu aussi bien être vrai... Ce soir-là, à table, j'avais l'air sans doute soucieux, car Lena me demanda :

– Où es-tu?

Je haussai les épaules. Je voulais paraître fatigué, ennuyé. Je l'aimais beaucoup, c'est vrai, et cependant je voulais faire le blasé, je voulais la faire souffrir. Je croyais que je lirais l'impatience ou la souffrance sur son visage, mais Lena me prit le bras, tout heureuse.

– Tu ressembles tellement à mon amoureux du premier soir, murmura-t-elle, fermant légèrement les paupières. Tu étais exactement comme ça alors, quand je t'ai aperçu accoudé au bar. Exactement comme maintenant : bougon et charmant...

Comment aurais-je pu ne pas tomber amoureuse de toi?

Je me mis à sourire, la regardant profondément dans les yeux; et de la regarder ainsi, je sentais que je m'en allais tout doucement, que je perdais mes facultés mentales... Lena se mit à parler comme si je n'avais pas été là :

– Il était accoudé au bar, il s'ennuyait énormément. Il n'était pas beau, mais il était grand, il avait 35 ans, et il déshabillait toutes les femmes du regard. Et c'était le même homme que celui du train. Et il ne s'en souvenait pas...

– Mais si, rétorquai-je sans rire.

– Il ne s'en souvenait pas, reprit Lena, comme si elle n'avait pas entendu mon interruption. Il se demandait d'où il me connaissait. J'ai eu peur de lui, je me suis enfuie...

– Ce n'est pas vrai, dis-je en plaisantant. Tu ne m'as pas fui. Tu as appris que je partais tel jour pour Milan, et tu as pris le même train...

Son visage d'un coup devint très sérieux. Triste et en même temps baigné d'un grand bonheur.

– Tu as raison, murmura-t-elle. Je ne peux te mentir. J'avais peur de toi, je te fuyais, et pourtant je ne voulais pas te perdre. Voilà la vérité. Quand je t'ai vu dans le wagon-restaurant, je me suis presque évanouie. Je t'avais aperçu longtemps avant. J'aurais voulu courir après toi, mais je me suis retenue... Pourquoi ne m'as-tu pas embrassée alors?, me demanda-t-elle brusquement.

— Tu ne me plaisais pas, lui répondis-je simplement.

— Je le sentais. Je rejoignais ma place et je collais mon front contre la fenêtre pour ne pas pleurer... Mais, comme tu as pu le voir, je me défendais bien. J'essayais de te blesser, de t'éloigner de moi. Ce fut difficile au début.

Je l'interrompis brusquement. J'avais envie de lui annoncer une grande nouvelle, de la rendre heureuse. C'était un sentiment nouveau, ce n'était même plus de l'amour à proprement parler. Je voulais être généreux, risquer ma vie pour un sourire. Je ne sais plus très bien ce qui s'est passé. Je lui demandai, gravement :

— Tu veux bien devenir ma femme, n'est-ce pas?

Je croyais qu'elle allait tressaillir de bonheur, qu'elle allait tomber en larmes. Mais elle me regarda dans les yeux tout effarouchée.

— Tu ne veux pas?, répétai-je, redoutant qu'elle me refusât.

— Pense bien à ce que tu fais, me dit-elle.

Je pris sa main et la baisai.

XIII

Resté seul dans ma chambre, cette même nuit, je me dis : je me marie! Jusque-là j'aurais cru qu'il eût suffi que j'entende ces mots prononcés par moi pour que je m'effraie ou que j'éclate de rire. Autrefois cela m'eût été impossible à croire. Et voilà que cette nuit-là je n'arrêtais pas de me répéter à haute voix : « Ça y est, cela m'est arrivé à moi aussi. Je me marie! » Et cela ne me faisait rien de particulier. Ou en tout cas je ne ressentais pas l'effroi auquel je me serais attendu naguère. Je n'avais même pas envie de rire. C'était quelque chose d'absolument indéfini. Quelque effort que je fisse pour réaliser la gravité de ma décision, je n'y parvenais pas. J'éprouvais tout juste un sentiment d'orgueil : l'orgueil de pouvoir affronter un pareil danger, avec en outre la joie que procure une bonne action, un acte de générosité quelconque. Peut-être qu'en cela aussi il y avait de l'orgueil : regardez de quoi je suis capable, moi, voyez comme je suis courageux, magnanime... Je ne sais. Mais je n'arrêtais pas de me dire : « Eh!

mon vieux, tu te maries! » et cela ne me faisait rien.

Le lendemain matin je me réveillai tout pensif. Allumant une cigarette, je réfléchis à ce que je pourrais faire. Certes il n'aurait pas été difficile de reprendre ma parole. Ou d'avoir une scène, violente, avec Lena. Mais je me rendais compte qu'il ne s'agissait pas d'une affaire si simple. Du reste Lena n'avait pas accueilli mon idée avec un bien grand enthousiasme. Elle ne se serait pas fâchée si j'avais évité désormais de lui parler mariage. Mais quelque chose d'autre s'était produit en moi : je n'étais plus maître de mes actes, je ne pouvais plus rien décider. En sa présence, j'étais capable de tout; sans elle j'aurais été malheureux. Peut-être qu'il ne s'agissait même pas de bonheur ou de malheur : je ne pouvais m'imaginer sans elle; je ne pouvais penser à l'avenir autrement qu'avec elle. Je restai longtemps ainsi, à me tourmenter. Lorsque je descendis prendre le thé, je la trouvai en train de feuilleter des revues illustrées. Je crois qu'elle aussi avait été troublée par des pensées. Elle était fatiguée, agitée. Elle s'illumina lorsqu'elle me vit venir à elle. Je lui baisai la main et m'assis près d'elle. Je ne sais pourquoi, je commençais à mesurer mes paroles. J'avais acquis une certaine autorité, qui m'enivrait et m'attristait tout ensemble.

– Cela ne te paraît pas curieux?, lui demandai-je au bout d'un moment.

– De quoi veux-tu parler? fit-elle, feignant d'avoir oublié notre conversation de la nuit précédente.

– Que nous puissions être mari et femme, que nous soyons déjà...

Elle me regarda en souriant.

– Oui, fit-elle, pensive, je crois que c'est une chose très sérieuse, une chose très importante, très grave...

Elle s'interrompit et j'eus peur que notre silence nous embrouille de plus en plus. Heureusement, le garçon s'approcha avec le plateau.

– Tu prends du beurre?, lui demandai-je.

– Non, merci, répondit-elle. Mais comment cela t'est-il venu? Comme ça, tout d'un coup?

– Je me suis dit que ce serait mieux ainsi, j'ai beaucoup réfléchi avant de t'en parler, lui dis-je.

En réalité, comme il arrive à la plupart des hommes, je n'avais pas réfléchi du tout, je n'avais rien décidé avant. Je sentais seulement à cet instant qu'il *fallait* que je prononce ces mots.

– Moi je n'y ai pas pensé du tout, dit-elle. Et, ce qui est plus grave, je suis toujours incapable d'y penser...

Son embarras me donna d'un coup une grande supériorité. Je savais que ce sentiment m'emmènerait de plus en plus loin, qu'il m'engagerait de plus en plus. Mais l'émotion était trop enivrante pour que je pusse m'y opposer, pour que je pusse me contrôler.

– Mais il faut que tu me donnes une réponse, dis-je. Il faut que tu prennes une décision.

– Je n'ai rien à décider, dit-elle tout bas. Je suis à toi, un point c'est tout.

C'est étrange : plus je l'écoutais parler, plus je sentais que son amour était la seule chose qui comptait pour moi, que son bonheur était la seule chose pour laquelle ma vie avait un sens. La seule présence de Lena m'anéantissait; je voyais son corps près du mien et je n'arrivais pas à croire qu'il pouvait m'appartenir à jamais.

– Tu as une idée pour aujourd'hui?, lui demandai-je.

Elle me jeta un regard excessivement sensuel et passionné.

– Je n'ose pas te l'avouer, murmura-t-elle.

Je me levai de table en me disant : désormais tout cela n'a plus aucune importance. « Cela », c'était : la liberté, l'argent, l'orgueil, les affaires, et tout le reste...

Nous nous mariâmes un mois plus tard à Paris. J'aurais voulu faire de cet événement une grande fête, mais Lena insista pour que nous n'invitions que quelques amis, surtout des étrangers. Après la noce nous partîmes en Espagne, où nous restâmes jusqu'au début du printemps.

Il m'est très difficile de vous expliquer convenablement la suite des événements. Vous n'avez jamais été marié, vous ne pouvez comprendre. Tout ce que je peux dire, c'est que le temps dès lors s'écoula autrement. Tant que nous fûmes à l'étranger, nous étions sans cesse occupés par ce que nous voyions, par ce qui se passait autour de nous. Mais lorsque nous fûmes de retour en Roumanie, tout changea en quelques jours. Très peu de nos amis étaient au courant de notre mariage. Certains d'entre eux ne voulurent vraiment croire que nous étions mariés que lorsque nous eûmes loué un appartement luxueux, lorsque nous l'eûmes meublé et que nous commençâmes à recevoir des visites. Celle de Clody fut parmi les premières. Elle vint avec son mari. J'étais un peu nerveux de la revoir, mais la rencontre fut cordiale. Elle embrassa Lena avec beaucoup d'affection. Son mari me prit dans ses bras. Ils n'arrivaient pas à y croire au début, mais bientôt tout leur parut naturel, tout leur parut parfait. Ils nous invitèrent à déjeuner pour le lendemain et nous acceptâmes. Nous parlâmes d'un tas de choses sans intérêt, je disais de temps en temps : « ma femme ». Clody pouffait de rire, Lena souriait d'un air gêné, mais on voyait qu'elle aussi commençait à accepter tout ce qui nous arrivait.

Nous nous rendîmes à l'invitation de Clody le lendemain. Clody essayait très habilement de me faire la cour, et bien que cela me fût insupportable, je continuais à parler, à rire, à plaisanter. Seule Lena se taisait. A la fin son silence m'énerva :

– Tu manques de tact, lui dis-je comme nous rentrions chez nous.

– J'essaierai d'apprendre cela aussi, me répondit-elle.

Elle était très triste. Dès que nous fûmes seuls

dans notre chambre elle s'enferma dans un mutisme obstiné, la tête dans ses mains. Je fis semblant d'abord de ne rien remarquer. Mais ce silence absurde finit par m'exaspérer.

– Qu'est-ce que tu as?, demandai-je durement.

– Je suis fatiguée, me dit-elle.

– Je sais, moi, ce que tu as, repris-je. Cela t'ennuie que nous soyons allés chez Clody!... Nous ne sommes pas dans une forêt vierge, tout de même! Il faut bien trouver une formule pour vivre en paix avec tout le monde. J'ai des tas d'amis qui fréquentent chez elle. Et puis nous ne pouvons renoncer comme ça, sans raison, au monde entier...

Je m'énervais et paraissais très sûr de mes arguments, mais en réalité ce que je disais m'était totalement indifférent. Il m'était indifférent de fréquenter ou non la maison de Clody, de continuer ou non de la voir elle et ses amis. Mais j'éprouvais le besoin de me venger de ce silence qui me faisait mal.

– Je ne pensais pas à Clody, murmura Lena. Elle n'y est pour rien...

– Alors c'est moi que tu accuses, répliquai-je, enchanté de trouver un prétexte quelconque.

Je ne savais pas très bien ce que je voulais ni pourquoi au juste je me disputais. A dire vrai, je me sentais attiré par cette souffrance que je lui causais et qui me faisait souffrir moi aussi. Je voulais l'humilier, l'insulter, par tous les moyens, et en même temps chaque mot cruel que je lui lançais me blessait moi le premier. Mais au fond j'en étais ravi. En un sens cela me rassurait.

– Évidemment, c'est moi le coupable, ajoutai-je en élevant le ton. C'est moi qui te fais souffrir. Dis plutôt que tu es malheureuse avec moi, pendant que tu y es...

Je ne me rendais pas compte de ce que je disais. J'avais oublié à cet instant tout mon amour, j'avais oublié combien Lena m'avait rendu heureux jusque-là. J'aurais voulu qu'elle me répondît avec violence pour pouvoir la blesser plus douloureusement encore. Espérais-je donc que tout pourrait être rompu entre nous, que nous pourrions nous séparer aussi vite? Je ne sais. A cet instant j'étais mû par la seule envie de lui faire du mal, de la tourmenter.

Lena continuait de se taire, la tête dans ses mains. Elle ne pleurait même pas. Au bout d'un moment je me rendis compte que j'avais exagéré et sortis de la chambre. Mais dès que je fus seul, un remords terrible commença à me ronger. Un remords et en même temps un besoin obscur de m'humilier, de lui dire combien je l'aimais, combien je souffrais à cause s'elle. Pourtant je ne voulais pas retourner auprès d'elle tout de suite. L'entendant marcher à travers la pièce, se déshabiller paresseusement, j'entrai pour me coucher moi aussi. Elle ne me regardait pas. Je remarquai que ses yeux étaient pleins de larmes. L'espace d'un instant je ne sus ce que j'allais faire : la prendre dans mes bras avec passion ou me mettre à la couvrir d'injures, exaspéré de sa souffrance, dont je me sentais responsable. J'hésitais. Finalement, sans réfléchir, je m'approchai d'elle et la pris dans mes bras...

Ces scènes se renouvelèrent un nombre incalculable de fois au cours des trois années de notre vie commune. Plus le temps passait et plus je tenais à elle, plus j'avais besoin d'elle. Je ne sais plus du reste si j'étais alors réellement amoureux, si ce que j'éprouvais était réellement de l'amour. D'une part quelque chose de grave, de tragique me liait à Lena. Elle m'était nécessaire, indispensable, exactement comme l'air, l'eau, la lumière; je ne pouvais vivre sans elle. Et pourtant, dès que je demeurais trop longtemps près d'elle, j'éprouvais un besoin irrésistible de me libérer, de la tourmenter, de l'insulter. La plupart du temps je réussissais à me contrôler; autrement notre vie quotidienne aurait été un enfer. Je dois dire aussi que bientôt j'observai que si je pouvais me plonger dans mes affaires, si je me laissais envahir par le travail et par diverses occupations, j'arrivais à supporter son absence, quelques heures, voire quelques jours d'affilée. Et alors lorsque je revenais vers elle, je me retrouvais plus amoureux qu'avant. Il est vrai – du moins était-ce mon impression – qu'elle devenait toujours plus belle. Comme tout homme riche, propriétaire d'une belle épouse, j'étais charmé de la voir admirée, de lire l'envie dans les yeux des autres femmes. Chaque fois que nous sortions en ville ensemble c'était comme si on m'avait félicité de toutes parts. Oui, elle était très belle, et très élégante aussi. Elle avait toujours eu un goût très sûr, et puis de mon côté, je la forçais à être luxueuse, presque dépensière. Cela me rendait réellement heureux de la voir gaspiller de l'argent. Elle dépensait uniquement parce qu'elle savait que cela me flattait. Mais ces détails n'ont guère d'importance...

Ce que je veux vous dire, c'est que je ne parvenais toujours pas à comprendre ce qui m'arrivait. Il y a une chose que je ressentais parfaitement : c'est que je ne pouvais plus vivre sans elle, que je l'avais dans la peau, comme on dit... Cet amour me rendait heureux et malheureux à la fois. Je ne pouvais me passer d'elle, comme on ne peut se passer de certains médicaments quand on a telle maladie. Quand je l'avais, quand j'étais près d'elle, en la désirant il me semble que je me tranquillisais. Mais dès la première année de notre mariage, il y eut entre nous de très nombreux intervalles d'exaspération, presque de haine. Je ne sais comment vous expliquer cela, mais plus d'une fois je me suis révolté contre elle, indigné de ce mariage qui me pesait, qui me suffoquait. Mon esprit revenait sans cesse à cet officier du train, à la réalité duquel je ne croyais plus moi-même du reste; mais je ne pouvais y renoncer, parce que ma jalousie, ma démence me poussaient, m'aidaient en même temps à détester Lena.

Je ne sais dans quelle mesure elle était prise des mêmes accès de rage contre moi. Elle aussi avait pas mal changé depuis que nous étions mari et femme. Elle avait renoncé, sans la moindre difficulté, à nombre de ses occupations de jeune fille : l'art, la musique; elle ne pouvait supporter la vie mondaine, elle n'aimait pas sortir chaque soir, comme je l'aurais souhaité. Au début je crus que c'était à cause de Clody, avec laquelle j'avais gardé les meilleures relations; peut-être redoutait-elle, me disais-je, que je la voie trop souvent. Plus tard, je compris que tous ces gens la rasaient; elle se sentait étrangère à eux, tout élégante qu'elle était. Toujours habillée comme dans le dernier journal de mode, elle resplendissait dans tous les salons. Mais elle ne pouvait supporter les stupidités qu'elle y entendait et qu'elle était amenée à y dire elle-même.

Quand je rentrais à la maison, je ne ressentais qu'une chose : qu'elle m'attendait, qu'elle s'était ennuyée de moi, qu'elle avait soif de nos étreintes. Nous nous oubliions tous deux dans l'amour comme deux malades cherchant l'apaisement de leurs souffrances. Ceci se trahissait même lorsque nous étions avec d'autres personnes. Elle me suivait partout de son regard inquiet. Elle ne pensait qu'à moi, elle ne voyait que moi. C'est pour cette raison sans doute que les gens enviaient notre bonheur, notre amour. Nous formions vraiment un couple en apparence parfait : elle, belle, intelligente, sérieuse; moi, homme « bien », riche, entreprenant. De surcroît, amoureux l'un de l'autre à la folie. Car ce détail n'échappait à personne. Dans la promiscuité des thés et des soirées bucarestoises, parmi tant de couples adultères et tant de jeunes débauchés, notre mariage d'amour, notre bonheur, formait un contraste saisissant. Je me disais parfois que nous aurions pu être réellement heureux, que nous avions tout pour cela. Mais quelque chose *se passait* au-delà de nous et de notre amour qui nous faisait souffrir et rechercher la souffrance.

Six mois environ après notre installation à Bucarest je rencontrai un ami plus jeune que moi dans le hall d'une banque. J'achetais des devises pour un prochain voyage. Mon air fatigué sans doute l'intrigua. Ce matin-là j'avais eu une nouvelle scène violente avec Lena et le souvenir des paroles brutales que je lui avais assenées me tourmentait énormément.

– Tu es souffrant? me demanda mon ami. Tu as très mauvaise mine...

Sans doute en d'autres circonstances lui aurais-je menti, aurais-je prétexté une indisposition quelconque, car j'aurais eu honte de lui avouer ma détresse. Mais je ne sais ce que je ressentis en voyant sa jeunesse insouciante, je ne sais pourquoi j'enviai alors sa santé et son calme, pourquoi tout à coup je fus pris d'une grande amitié pour lui, pourquoi l'envie me prit de lui communiquer cette chose importante. Était-ce pour l'instruire, pour le prévenir, afin de le protéger, lui du moins, de la souffrance que j'endurais?

– Je suis malheureux, lui dis-je, voilà tout...

Surpris, il n'osait m'en demander plus. Mais ce ne fut pas nécessaire : je lui prodiguai de moi-même les détails, en en rajoutant, en les exagérant. On aurait dit que cette confession généreuse était comme un baume que je mettais sur mes plaies. Au début il m'écoutait, embarrassé, comme s'il s'était attendu d'un instant à l'autre à apprendre de ma bouche que Lena me trompait.

– Lena m'aime autant qu'il est possible, m'empressai-je de préciser, devinant sa pensée. Cela, jamais je ne pourrai en douter. A côté des autres épouses que je connais, c'est une sainte. Et moi aussi je l'aime. A vrai dire, c'est seulement maintenant que j'aime réellement...

– Très bien, alors, me dit mon ami, avec un sourire embarrassé. Peut-être est-ce une mésentente passagère...

Manifestement, il ne pouvait comprendre. Je sentais que, quelle que fût sa bonne volonté, quelque effort qu'il fît, mon cas était pour lui comme de l'hébreu...

– Il n'est pas question de mésentente, dis-je. Au contraire tout marche admirablement. J'ai rarement rencontré une femme plus soumise, plus compréhensive. Et elle est si intelligente que toute mésentente éventuelle entre nous se dissiperait immédiatement... Non, c'est autre chose, tout autre chose. Je ne sais si cela est dû au fait que nous nous sommes mariés. Je crois que j'aurais été tout aussi malheureux si nous avions vécu purement et simplement ensemble...

– Alors qu'est-ce? demanda-t-il de nouveau.

– Je ne sais pas, je ne comprends pas. Ça ne peut être autrement, voilà tout.

– Séparez-vous, alors, suggéra l'autre.

– Je ne peux pas. Ce serait plus terrible encore si je vivais sans elle. Maintenant que je la connais, maintenant que nous sommes amoureux l'un de l'autre, il n'y a plus rien à faire : *il faut* que nous soyons ensemble... Jusqu'à la mort, ajoutai-je avec un tremblement dans la voix.

Je ne sais si vous êtes jamais passé par là, si vous avez jamais connu un tel amour, un amour grave et définitif. Si vous vous êtes dit un jour que, quoi qu'il arrive, vous ne pourrez plus jamais vous séparer de celle que vous aimez, que vous êtes lié à elle jusqu'à la mort, au sens concret du mot. Que seule sa mort éventuelle peut vous rendre votre liberté. Que tant qu'elle vivra, que vous soyez ou non encore amoureux d'elle, qu'elle le veuille ou non, vous êtes *à elle*, lié à elle, destiné à elle... Les jeunes ne peuvent guère comprendre ces choses-là, je veux dire ceux qui n'ont pas vécu longtemps avec une femme. Étouffé en un certain sens par un trop grand amour, on pense à la mort de la femme aimée, car on sait parfaitement que même si on se séparait d'elle, on ne se sentirait pas réellement libre tant qu'elle continuerait à exister, à vivre quelque part sur cette terre. Non que l'on ait des remords, mais purement et simplement parce que son existence continue à nous tourmenter et à nous déprimer, de loin...

Mon jeune ami ne pouvait comprendre ces choses à cette époque. Il les comprit lui aussi plus tard, mais ceci est une autre histoire, que je n'ai pas le temps de vous raconter. Nous nous séparâmes l'un et l'autre assez tristes, mais la discussion m'avait permis d'éclaircir certains points, et je pensai par la suite très longtemps à quelques détails, à quelques mots que j'avais dits.

« Très longtemps » est sans doute beaucoup dire, car quelques jours plus tard nous étions à l'étranger, passionnément épris l'un de l'autre, comme dans les premières semaines de notre aventure. Nous y restâmes quelques mois. C'est alors que je me rendis compte quelle admirable femme du monde elle était, comme elle savait bien apprendre à connaître les gens, quelle agréable compagne elle était dans le milieu des nouveaux riches de la guerre et des banquiers que mes affaires m'obligeaient à fréquenter.

Durant tout ce temps ce sentiment que la présence de Lena me rongeait et m'annihilait me fut presque totalement étranger. Du moins je le pense. Car un jour je me réveillai guéri; je ne souffrais plus, je ne me défendais plus, je ne luttais plus contre sa présence. Je ne sais comment vous expliquer exactement cette chose. Un jour je me rendis compte que j'étais lié à Lena, qu'elle était à moi, et moi à elle; mais le sentiment de la chose définitive, irréversible, ne me torturait plus. Au contraire il m'aurait été difficile de m'imaginer autrement, sans elle. Je crois que notre amour avait pas mal changé les derniers temps. Je ne saurais préciser de quelle manière. Tout se déroula de telle sorte que je me rappelle parfaitement certains événements et certaines rencontres; quant à mes états d'âme d'alors, je suis incapable de les reconstituer.

Lorsque nous fûmes de retour à Bucarest, à l'automne, les tempêtes de l'amour s'étaient calmées. Je m'étais habitué à Lena, je m'étais fait à l'idée de notre vie commune. Après ma journée de travail je rentrais toujours impatient de retrouver mon foyer, mon épouse, notre amour. Est-ce cela le vrai bonheur, le seul bonheur permis à un mortel? Je l'ignore. J'ai connu beaucoup de bonheurs dans mon amour; je les ai connus, puis oubliés – par ma faute, comme il arrive toujours en pareil cas.

Je rencontrai une nouvelle fois l'ami auquel j'avais confié, quelques mois auparavant, mon désemparement. J'étais très honteux en le voyant; j'avais le sentiment de n'avoir pas été sincère avec lui, et aussi d'avoir offensé Lena en me plaignant d'elle, en oubliant notre amour, notre bonheur. Je voulus donc mettre les choses au point.

– Tu sais, dis-je en souriant, tu avais raison alors. C'était quelque chose de tout à fait passager. Un simple malentendu. C'est ce qui arrive toujours au début...

Ce disant, je ne cherchais nullement à le tromper. On prétend que souvent les hommes mariés s'évertuent à convaincre le plus grand nombre possible de jeunes hommes de se marier, pour se venger de leur propre liberté perdue, de cette liberté qu'ils envient aux autres. Ce n'était pas mon cas. Je ne lui mentais pas en lui disant que je m'étais trompé la première fois et que maintenant j'étais heureux.

– Toi tu ne peux comprendre, lui répétai-je plusieurs fois, tu ne peux comprendre toutes ces choses!...

XIV

J'ai essayé parfois de reconstituer ce qui arriva ensuite. Il est curieux que j'aie gardé en mémoire si peu de détails. Le temps passa presque sans que je m'en aperçoive. Tout ce que je sais c'est que peu après le troisième anniversaire de notre mariage une chose extrêmement étrange s'est produite. Rentrant un jour de la ville plus tôt que d'habitude, je trouvai Lena le front appuyé contre la fenêtre. On aurait dit qu'elle attendait quelqu'un. En tout cas, ce n'était pas moi qu'elle attendait car elle sursauta en me voyant entrer dans la pièce. Je l'embrassai.

– J'ai perdu la pierre de ma bague, me dit-elle en me montrant sa main.

C'était une émeraude de grande taille, très belle, que je lui avais offerte aussitôt après notre mariage. Je tentai de la tranquilliser; peut-être l'avait-elle perdue dans l'appartement : on la retrouverait en faisant le ménage. Elle hocha la tête tristement.

– Cela ne fait rien, je t'en achèterai une autre, lui dis-je pour la consoler.

Elle ne répondit rien sur le moment. Mais je m'aperçus bien vite que pour elle c'était une perte vraiment irréparable. Aucune des bagues que je lui donnai par la suite ne lui plut à ce point. Elle les portait pour me faire plaisir, mais elle les ôtait dès qu'elle se retrouvait seule. Je la surprenais parfois en train de cacher ses doigts, et je ne sais pourquoi, ce jeu enfantin m'attristait.

Je me promettais de lui acheter une émeraude aussi belle que l'émeraude perdue à l'occasion de notre prochain voyage à l'étranger. Car extérieurement notre existence demeurait inchangée. Nous passions la frontière deux fois par an au moins; partout on nous considérait comme un couple heureux. L'apparence, il est vrai, est souvent trompeuse. J'ignore si Lena se rendait compte de quelque chose. Quant à moi, certes, au début, lorsque j'eus pris mon parti de ma nouvelle condition, tout me sembla non seulement naturel, mais nécessaire même. Il ne pouvait en être autrement : cette formule, je crois, exprime bien mon état d'âme de cette période. Mais plus tard, quand je connus de nouveau la souffrance et le doute, je fus stupéfait de la stérilité de ces deux années et plus de vie commune. Je me demandai alors où était passée la fille intelligente et non conformiste, si vivante, si cultivée, que j'avais rencontrée chez Clody et connue en Italie dans les semaines qui précédèrent notre mariage officiel. Ce n'est qu'alors que je vis qu'il s'était produit un changement total en Lena, une transformation lente, à laquelle sans aucun doute j'avais contribué moi-même dans une large mesure, sans le vouloir. Je ne peux pas dire que ce que j'appelais « notre amour » se fût altéré; je devinais Lena tout aussi amoureuse de moi, tout aussi personnelle dans sa façon de se comporter avec les autres. Mais elle avait perdu petit à petit ce qui en elle était mystère, spontanéité, fantaisie. Comment s'expliquait ce changement, je ne commençai à le comprendre que quelques semaines plus tard.

C'était le printemps. Je m'étais arrêté par hasard devant la vitrine d'un bureau de voyage. Je ne sais pourquoi, j'étais littéralement fasciné par une grande réclame en couleurs : sur le versant d'une montagne couverte de neige un couple de skieurs, tête nue, glissait vertigineusement. Ce qui m'attirait dans ce dessin conventionnel, ce n'était nullement la tentation d'un voyage ou d'un séjour dans une station de sports d'hiver célèbre. La couleur violente, le dessin sommaire, les visages des jeunes, leur sourire éclatant de santé, tout semble-t-il était fait pour m'inciter à la réflexion. Au bout d'un moment j'entendis derrière moi des voix de jeunes. Je me retournai avec une curiosité inhabituelle. Deux jeunes filles, accompagnées de deux jeunes gens, se préparaient bruyamment à traverser la Calea Victoriei. Je les regardai longuement, et à cet instant une mélancolie étrange m'envahit...

Je ne ressentais aucune espèce de jalousie en suivant du regard ces jeunes tapageurs, je me hâte de le préciser. Je n'enviais ni leur santé ni leur jeunesse. C'étaient mes propres regrets qui m'assaillaient. A vrai dire c'est à cet instant précis, et seulement à cet instant, que je commençai à saisir que j'avais perdu quelque chose à jamais. Que, quoi que je fisse, quelque généreux que continuât d'être le sort à mon égard, je ne retrouverais plus jamais certaines choses, un certain état...

Que tout cela est difficile à exprimer! Les paroles s'enchaînent les unes aux autres plus vite que je ne suis capable de les prononcer. Ce sont les termes qui me manquent sans doute. Et puis je n'ai guère l'habitude de me livrer à de pareilles analyses, encore qu'« analyse » ne soit pas le mot juste... J'ai toujours aimé avoir sous la main, prêtes pour n'importe quelle conversation, quelques idées générales. Bien que, après les événements que je vous raconte, je me sois mis à penser avec plus de consistance. Vous devinez parfaitement ce que je veux dire. En vous écoutant raconter, je sentais à quel point vous savez, vous, comprendre les gens. Il est vrai que vous avez toujours navigué dans d'autres sphères que moi...

... Tout de même, n'allez pas croire que la jalousie me déprimait à ce point, ce matin-là. Je n'avais pas de raison d'envier qui que ce fût. Je ne me sentais pas vieux (je n'avais pas encore 39 ans); je sentais que mon temps était *derrière* moi. Bien sûr, vous pouvez difficilement comprendre cela; il y a des choses que ne peuvent sentir que les hommes qui sont passés par là, et encore tous ne les sentent pas. Si une activité nous accapare beaucoup, je crois que l'on n'a même pas le temps de se voir vieillir. Quoique alors, je le répète, il ne fût pas question de vieillesse : un homme ne se sent jamais vieux s'il est riche et débarrassé de toute timidité. Non, ce sont d'autres pensées que j'avais à l'esprit à cet instant... Je me rappelle ces choses parce qu'elles ont joué un rôle important dans ma vie, parce qu'à cause d'elles ma vie a changé complètement. Autrement, sans doute les aurais-je oubliées. Comme je vous le disais, tant d'années ont passé : huit, neuf ans. J'ai oublié tant d'autres choses importantes : j'ai oublié la guerre, entre autres...

... Donc, je ne sais pourquoi, je me rendis compte alors que *quelque chose* avait changé. Je ne peux pas dire que je ne me sentais plus jeune. Je sentais que quelque chose avait pris *fin*, qu'un certain temps était passé – peut-être même la plus belle partie de ma jeunesse. J'avais perdu quelque chose; il y avait des choses que je ne pouvais plus faire. Quelle sorte de choses? Je n'en avais aucune idée précise; mais j'éprouvais le sentiment que certaines choses m'étaient interdites. Encore « interdites » est-il un mot trop vague. Car on peut toujours garder l'espoir de décrocher un jour l'objet défendu, par la grâce d'une folie quelconque, ou d'une chance extraordinaire; on peut toujours espérer briser les frontières de l'impossible. Mais ce n'est pas ce que je ressentais. Je sentais que certaines choses, que je n'arrivais pas à identifier, étaient *mortes* pour moi. Que quoi que je fisse, quelque chance que j'eusse dans la vie, je ne les retrouverais plus jamais...

... Je rentrai à la maison très troublé, et en

même temps avec un grand désir d'embrasser Lena. Elle m'était plus nécessaire à cet instant que jamais. Je ne sais ce que j'attendais d'elle, un baiser plus tendre, une parole plus chaude. En tout cas je n'attendais pas d'elle une consolation. J'étais encore très agité, je n'aurais pas eu le courage de lui avouer ma découverte; du reste, aurais-je su quoi lui dire? Les choses ne se sont dessinées clairement dans mon esprit que plus tard. A ce moment précis, je ressentais seulement une mélancolie très bizarre et un commencement de peur... Oui, je crois que c'est cela : une espèce de peur enfantine, la peur de rester seul; j'étais impatient de la garder, de la serrer contre moi, de l'avoir indissolublement liée à moi...

La prenant dans mes bras, je lui dis en plaisantant :

– Lena, je vieillis!

Elle me regarda, avec étonnement et aussi, me sembla-t-il, avec une légère ironie. Sans rien dire, elle se mit à me caresser les cheveux distraitement.

– Et malheureusement je suis le seul à vieillir, ajoutai-je toujours en riant. Toi tu es toujours jeune...

Elle se mit à rire elle aussi.

– Est-ce que tu ne m'as pas choisie comme je suis? fit-elle avec un certain air de fierté

– C'est vrai, répondis-je, plus sérieusement. Mais que c'est beau deux personnes qui vieillissent ensemble...

Pourquoi diable ai-je dit cela alors, je n'en sais rien. L'idée ne m'en serait pas venue un instant plus tôt.

Son étonnement grandissait.

– Moi aussi je vieillis, dit-elle, mais à ma façon... Tu ne remarques rien?

– Tu es si jeune! m'exclamai-je presque avec envie, en la regardant.

– J'ai toujours rêvé d'avoir un mari qui me protégerait, qui me révélerait toutes les choses que j'ignore, murmura-t-elle.

On aurait dit que ces paroles ne m'étaient pas adressées à moi, qu'elle se les murmurait à elle-même. J'eus envie de répliquer : moi aussi j'ai toujours rêvé d'une épouse qui serait ma compagne et qui me protégerait... Mais je réalisai subitement que j'allais dire là une sottise, dans un moment de faiblesse, et je me contentai de sourire.

– Que t'est-il arrivé? me demanda-t-elle brusquement, prenant ma tête dans ses mains. Tu n'as jamais été ainsi...

Comment étais-je? Je ne m'en rendais pas compte. Peut-être n'étais-je plus le même qu'avant, peut-être me réveillais-je d'une sorte de léthargie où m'avaient plongé peu à peu l'amour et le mariage. Il est vrai que, si troubles que fussent mes idées ce jour-là, je me rendais parfaitement compte que j'étais *autre*. Mais que son pouvoir de divination était étonnant! Est-ce que vraiment elle me connaissait si bien? M'avait-elle appris par cœur si parfaitement? J'en étais intimidé : pourvu qu'en voyant mes hésitations elle n'allât pas pousser plus avant ses déductions... En même temps j'étais flatté d'être aimé au point que le changement le plus secret de mon âme ne pouvait échapper à son regard vigilant.

– Je pensais seulement, dis-je d'une voix lente, plongeant mes yeux dans les siens, qu'il serait temps que nous ayons un enfant...

Je ne sais comment je me décidai à lui dire ces mots-là. Mais dès que je les eus prononcés, une émotion intense attendrit mon cœur. Un peu plus et mes yeux se voilaient de larmes... Je crois que vous ne comprendrez jamais cela, vous. Je ne vous juge pas, mais vous ne pouvez pas comprendre. Même moi je ne comprenais pas jusque-là. Je croyais qu'il s'agissait d'amour, de fatigue, que j'avais perdu ma jeunesse... Or voilà que par hasard j'avais découvert que quelque chose me manquait, que durant ces trois années quelque chose m'avait manqué.

– ... Il est temps, répétai-je avec ferveur.

Lena me regarda en souriant.

– Mais qu'est-ce qui t'arrive? Comme ça, tout d'un coup?

Je haussai les épaules, impuissant à exprimer ce qui me paraissait à moi évident et urgent. J'aurais voulu en fait lui dire un tas de choses, mais rencontrant son regard, j'eus honte soudain du pathos avec lequel je me préparais à parler; je restai muet et souris bêtement.

– Je n'arrive vraiment pas à comprendre ce qui t'a pris. Comme ça, tout d'un coup?, répéta-t-elle.

Il semblait que ce qui l'intéressait surtout c'était de résoudre cette énigme bien plutôt que de me répondre. Je ne sais pourquoi, mais à cet instant je lui en voulus. Il y a tant de sentiments obscurs que l'on a de la peine à démêler... Pourtant par la suite j'y ai longtemps pensé, longtemps j'ai fait effort pour reconstituer cette discussion instant par instant... Je la regardais, telle qu'elle était, si jeune, si fraîche, et je crois que parmi toutes les pensées qui me passèrent alors par la tête il y avait notamment celle-ci : toi, j'aimerais bien voir ce que tu diras *plus tard...*

– Nous sommes encore jeunes, murmura-t-elle. Et puis nous ne nous sommes pas mariés pour cela, que je sache...

Ses paroles me parurent froides et vulgaires. Ma joie immense était gâchée par une incompréhension totale. Je sentais qu'elle protégeait quelque chose d'inconnu de moi, un égoïsme que jusqu'alors je n'avais pas soupçonné.

– ... Nous nous sommes mariés pour être heureux, dit-elle encore, d'une voix plus faible, un peu lasse.

Je ne lui répondis rien. J'étais affalé sur le lit, à côté d'elle, les yeux rivés au plafond. Je me sentais humilié, furieux; j'avais découvert trop de choses en quelques heures. La pensée qu'il *fallait* que nous ayons un enfant montait en moi, et elle parlait, elle, du bonheur comme d'une chose qu'elle n'aurait pas encore connue. Elle me parut étrangère, insensible. J'aurais voulu lui dire un mot méchant, mais je fus pris d'une infinie pitié de moi-même. Et puis, je le reconnais, j'eus peur qu'il ne se produisît quelque chose d'irréparable; j'étais devenu lâche...

A cet instant on nous appela à table. Nous nous levâmes tous deux, très embarrassés...

Le repas fut triste. Nous ne mangeâmes ni l'un ni l'autre. Nous évitions de croiser nos regards, nous prononcions des paroles sans importance, et encore seulement lorsque le valet était à proximité. Mes yeux se fixaient machinalement sur sa main, suivant le mouvement de ses doigts. Mais elle s'en aperçut et elle essaya de les cacher par de petits gestes précipités et maladroits. Elle n'arrêtait pas de rougir. Je ne sais pourquoi, mais elle paraissait émue elle aussi...

Lorsque de nouveau je fus seul, je me sentis très triste. J'étais comme une âme en peine. Je n'avais pas connu ce sentiment depuis très longtemps. J'allumais cigarette sur cigarette, dans mon bureau, sans avoir le courage de prendre une décision. J'étais assailli par toute sorte de pensées. Je n'aurais pas cru jusque-là que j'avais tant vécu. Dix, vingt, trente ans : mon esprit portait loin dans le passé, et partout je me voyais moi-même, je me voyais dans des circonstances curieuses, certaines dépourvues de sens, auprès de parents, d'amis, de gens morts depuis longtemps. Et de tous ces souvenirs, mélangés confusément et qui m'attristaient, montait de plus en plus impérieusement mon désir d'avoir aussitôt que possible un enfant...

... Je ne sais comment vous expliquer ce désir. De tout ce que vous m'avez dit, j'ai compris que vous n'avez jamais connu ce besoin obscur de naître de nouveau, ce besoin d'une compensation, dans quelqu'un d'autre que la compagne de notre vie, de notre amour. J'éprouvais alors une sorte de désespoir sauvage d'avoir laissé *passer* tant de temps, un temps que personne ne pouvait plus me rendre, que j'avais laissé s'écouler stupidement, n'en gardant que les souvenirs, ne gardant rien de vivant, rien de *mien*... Si j'avais eu un enfant dès la première année de notre mariage, me disais-je, maintenant je serais autrement. Je continuerais à grandir en même temps que lui, je sentirais que je vis pour quelqu'un. Vous ne pouvez savoir quelle chose pénible c'est de sentir que le temps nous a devancés, que l'on n'a pas fait certaines choses essentielles en leur temps, que l'on se réveillera un beau jour seul, vieilli, et que l'on n'y pourra rien. Car ce qui me pesait le plus cet après-midi-là c'était le sentiment de l'irréparable. Quelque chose avait pris fin sans que je m'en sois aperçu... C'est terrible de se rendre compte de cela...

J'entendis la porte qui s'ouvrait doucement. Lena se coula vivement jusqu'à moi. D'après sa voix, d'après ses yeux rougis, je sentis qu'elle était très émue et qu'elle avait pleuré.

– Tu m'as mal comprise, me dit-elle, hésitante. Moi aussi je voudrais... Mais pas comme ça, tout d'un coup, au hasard... Pourquoi ne m'as-tu rien dit jusqu'ici?...

Je ne répondais pas. Comme je la trouvais loin de moi avec ses façons de fille exceptionnelle!...

Elle ajouta :

– C'est une chose grave, mon chéri...

Puis après un moment de silence appuyé :

– ... Peut-être après tout notre destin était-il de vivre au hasard...

On aurait dit qu'elle prononçait ces mots pour elle-même, car elle me parut plus triste après les avoir dits, comme si elle avait médité leur sens. A quoi donc pouvait-elle bien penser à cet instant? A notre première rencontre chez Clody, à notre nuit à Venise?... En tout cas, elle était soucieuse et ses pensées – comme je le ressentais bien! – ne s'accordaient pas avec les miennes...

– Cela ne fait rien, fis-je durement, cherchant à l'humilier. Je t'aurai toi, pour mon bonheur...

Je la regardai et la souffrance que je lisais dans ses yeux, sur son visage, me fit du bien. Qu'elle m'était familière cette volupté de la faire souffrir! Combien de fois ne l'avais-je pas humiliée, attristée, peinée profondément, avec un acharnement sauvage et aveugle que j'étais incapable de contrôler, combien de fois ne l'avais-je pas tourmentée uniquement pour voir ses traits défaits, ses yeux desséchés!... Nous faisons cela au demeurant avec tout le monde. Personne n'y échappe...

– ... Du moins tu feras ton possible, ajoutai-je avec un sourire crispé. Pour le reste ce ne sont pas les femmes qui manquent...

Je crus qu'elle allait éclater en sanglots. Elle était en effet très pâle, mais elle se leva calmement et se dirigea sans hâte vers la porte.

– J'espère que tu as bien réfléchi, me dit-elle au moment de poser la main sur la poignée.

Je la regardai avec un certain dépit. Elle veut faire la femme supérieure, la femme incomprise, pensai-je. Peut-être que mes paroles ne l'ont pas assez blessée. Mais j'en ai d'autres en réserve...

– Tu crois sans doute que je plaisante, lui dis-je.

J'aurais voulu la voir chavirer sous mes insultes. Je m'en serais réjoui, et cela m'aurait peut-être adouci. Sa froideur m'exaspérait. Elle avait écouté mes dernières paroles calmement, debout devant la porte, la main sur la poignée.

– Je suis sûre que tu parles sérieusement, me répondit-elle. Toi tu as toujours parlé sérieusement... C'est du reste pour cela que je t'ai tellement aimé, ajouta-t-elle tout bas.

Elle aurait voulu sourire, mais les larmes furent les plus fortes et elle s'appuya du bras contre la porte. Je ne me levai pas pour la prendre dans mes bras et lui demander pardon. Je n'avais pas encore retrouvé mes esprits.

– Je ne plaisante pas avec de pareilles choses, lui dis-je.

Elle resta silencieuse quelques instants, puis

elle ouvrit précipitamment la porte et partit sans me regarder.

Autrefois, deux ans avant environ, lorsque ces scènes étaient très fréquentes, chaque fois qu'elle éclatait ainsi en sanglots et sortait de la chambre je pensais à part moi : cela lui passera! Mais cette fois, j'étais moi aussi paralysé, sans pensées, sans désirs, tel qu'elle m'avait trouvé en entrant dans mon bureau, affalé sur le canapé, les yeux perdus dans le vague. J'étais triste, j'étais peut-être désespéré, mais c'est surtout le regret de ne pas lui avoir dit tout ce que je voulais qui me tourmentait. Puisqu'on se dispute, me disais-je, que cela serve au moins à quelque chose, que j'en profite au moins pour lui dire tout ce que je pense d'elle, de son intelligence de femme supérieure...

XV

Ce soir-là elle ne descendit pas pour dîner. Le valet de chambre me dit : « Madame ne se sent pas bien. » Sans poser plus de questions, je m'efforçai de manger tranquillement, comme si de rien n'était. Le repas terminé je passai dans mon bureau, histoire de faire quelque chose.

A vrai dire, quand j'étais dans cet état mon comportement était totalement livré au hasard. Les nerfs, les phrases que je commençais sans savoir comment je les terminerais, me menaient à leur gré. Mais cette fois j'étais plus abruti que jamais; mon esprit était totalement inerte, hormis les ressentiments qui l'habitaient.

Je résolus tout à coup d'aller au club. Ouvrant la porte de la chambre à coucher je dis à Lena :

– Je passe la nuit au club. Ne m'attends pas.

J'eus l'impression que mes paroles l'avaient terriblement ébranlée. Son visage était blême, ses yeux hagards. Elle esquissa un mouvement dans ma direction, comme si elle avait voulu me demander quelque chose. Mais je lui dis « Bonne nuit » et refermai la porte au moment où elle accourait vers moi. En descendant l'escalier j'étais assez satisfait. J'avais constaté que Lena souffrait, et cela, apparemment, dissipait un peu mon agitation et mon amertume.

Au club je trouvai quelques jeunes gens dont j'avais fait la connaissance chez Clody. Ils m'invitèrent à la table de poker. Mais cette nuit-là les cartes ne m'attiraient pas du tout. Je voulais faire quelque chose sortant vraiment de l'ordinaire, quelque chose que Lena apprendrait et qui lui ferait mal. Je leur proposai de sortir en ville. Nous étions en train de nous concerter pour savoir dans quelle boîte nous irions quand on vint me dire que Lena me demandait au téléphone. Je fis répondre que j'étais occupé. L'un de mes amis se mit à sourire. Ce sourire ironique m'irrita énormément.

– Voilà l'inspecteur! chuchota-t-il, assez fort pour que je l'entende. On sort en ville une fois par an et on vous suit à la trace...

– Vous vous trompez, cher ami, lui dis-je, ma femme me laisse totalement libre. Nous formons un couple moderne, ajoutai-je, essayant de sourire à mon tour.

Je le reconnais : j'étais nerveux et le coup de téléphone de Lena me contrariait beaucoup.

– C'est ce qu'on dit!, lança quelqu'un.

Je fis semblant de ne pas comprendre :

– Assez plaisanté!, dis-je. Nous n'avons pas de temps à perdre : partons!

Je rentrai le lendemain matin. Pour la première fois depuis notre mariage je m'étais absenté une nuit entière, et, circonstance aggravante, j'avais passé la nuit dans une boîte. A dire vrai, c'était une boîte minable, et ces pauvres filles qui s'enivraient autour de moi ne m'inspiraient que de la répulsion.

En entrant dans notre chambre je fus surpris de trouver Lena près de la fenêtre. La lampe était allumée. Je compris qu'elle n'avait pas dormi de la nuit. Je crois que je marchais lourdement, car elle se retourna brusquement. C'est tout juste si je la reconnus : ce qu'une femme peut vieillir en une nuit! me disais-je. J'étais étonné et pourtant j'avais envie de sourire. L'attitude et l'expression de Lena avaient quelque chose de grave et d'outré qui m'irritait.

– Qu'est-ce qui t'arrive? me demanda-t-elle d'une voix lasse. Je n'ai pas arrêté de téléphoner au club.

– J'étais avec quelques amis, on a organisé une petite sortie, répondis-je.

Elle continuait de me regarder d'un air effaré, on aurait dit qu'elle ne comprenait rien, qu'elle n'arrivait pas à en croire ses yeux. Quelqu'un avait renversé sur mon pantalon un verre de Cointreau, et je crois que Lena commençait à sentir l'odeur nauséabonde de l'alcool.

– Tu ne te couches pas? lui demandai-je avec une certaine vulgarité.

Elle hocha la tête :

– Je n'ai pas sommeil, murmura-t-elle.

Je ne sais pourquoi, mais j'étais obsédé par une pensée stupide : elle veut me jouer une scène de mélo, me disais-je. Je n'étais absolument pas disposé à la croire ce matin-là. J'étais assez furieux contre moi, et la répulsion que je ressentais envers ma propre dégradation m'obligeait à la haïr. En un certain sens, j'estimais qu'elle seule était responsable de ce pénible incident.

J'allai me coucher, m'efforçant de paraître calme et indifférent. Je m'endormis, non sans peine, en appuyant l'oreiller sur ma tête.

... En me réveillant à la tombée de la nuit j'avais la gueule de bois. Lena n'était plus dans la chambre. Son lit n'avait pas été défait. Je pris une douche et appelai la bonne.

– Madame est partie aussitôt après le déjeuner, me dit-elle.

Je haussai les épaules. C'est du chantage, me dis-je; et de nouveau je sentis monter, plus forte encore, ma haine de la nuit précédente. Comme j'avais quelques affaires à régler je partis en ville. Il faisait nuit. Petit à petit, la tristesse, les regrets m'envahirent. Au fond, c'est une brave fille, me disais-je. Et moi je suis une bourrique... Ces réflexions me tranquillisaient. Nous allons dîner ensemble et nous ferons la paix. Nous avons déjà fait la paix après des brouilles plus graves, pensais-je, essayant de me donner du courage. (En réalité jamais jusque-là je n'avais découché, ni fréquenté un tel lieu. Et jamais je ne lui avais laissé entendre que nous pourrions nous séparer.) Entrant chez un fleuriste je lui fis envoyer une corbeille de violettes. Puis après un bout de promenade, pour retrouver mes esprits, je repris le chemin de la maison. En entrant dans sa chambre j'étais passablement ému. Je voulais lui demander pardon, l'embrasser, lui dire combien ma conduite avait été idiote. Je trouvai la corbeille de fleurs, avec mon mot, sur sa table de toilette. Toujours pas de Lena. Je ne savais quoi penser. La bonne elle-même ne savait rien. Je fis dresser la table et l'attendis jusqu'à 11 heures du soir. Puis je m'enfermai dans mon bureau, réfléchissant à ce que je devais faire. Il eût été ridicule d'avertir quelqu'un, et plus encore de la chercher chez des parents ou des amis. Tous savaient que nous formions un couple heureux, un couple idéal. Deux ou trois jours auparavant, nous étions reçus partout comme deux époux modèles. Et voilà tout à coup que je demanderais si l'on ne saurait pas par hasard où se trouve ma femme?...

Un peu avant minuit un garçon de courses sonne à la porte; il m'apportait une lettre. C'était Lena qui m'écrivait. Je n'arrivais pas à en croire mes yeux : elle me disait qu'elle passerait la nuit chez sa tante, qu'un avocat viendrait me rendre visite le lendemain matin pour avoir un entretien avec moi, qu'elle me remerciait pour le bonheur que je lui avais donné ces trois dernières années. C'était une lettre d'adieu; elle l'avait recommencée, j'en suis sûr, plusieurs fois, pour ne pas paraître trop pathétique et en même temps pour rester suffisamment amicale.

Je descendis immédiatement, pris un taxi et allai chez la tante dans l'intention de ramener Lena. Je la trouvai seule dans le salon; elle était très fatiguée, elle avait un visage dur, buté. Je l'embrassai, mais elle me repoussa doucement, en faisant effort pour sourire.

– Qu'est-ce qui t'a pris?, lui demandai-je. Que signifient ces plaisanteries?

Elle s'assit mollement au bord d'un fauteuil et appuya son front dans sa main. Elle me paraissait émue, je me dis qu'elle regrettait peut-être sa lettre, et je voulus la prendre dans mes bras. Elle tenta de se défendre, mais j'insistai et elle me laissa faire. Ses yeux étaient fermés, ses lèvres serrées; elle était glacée.

– Laisse-moi, je t'en prie, murmurait-elle.

Je la regardais, m'efforçant de comprendre ce qui était arrivé. Elle n'avait, me disais-je, aucune raison de se séparer de moi. Elle n'avait même pas de raison de se fâcher. Ne lui avais-je pas commandé toute une corbeille de violettes? Et n'étais-je pas venu en pleine nuit la prier de rentrer à la maison? En admettant même qu'au début je l'eusse offensée, le fait d'avoir demandé pardon m'absolvait de toute faute.

– Je ne comprends rien à tout cela, m'exclamai-je enfin.

– C'est toi qui l'as voulu, dit-elle, fermement mais aussi avec beaucoup de regret dans la voix.

– C'est ce que tu as cru! Mais ce n'était pas sérieux!

Elle leva la tête et me regarda, troublée, cherchant mes yeux. Attendri, enflammé, je m'approchai d'elle.

– ... Je croyais que tu comprendrais, ajoutai-je, tu es si intelligente! On ne gâche pas un ménage vieux de trois ans pour une simple dispute!... Nous nous sommes déjà disputés et tout s'est toujours bien terminé, très bien même, soulignai-je avec concupiscence, un sourire forcé au coin des lèvres.

Mais Lena ne se calmait toujours pas.

– Oui, mais, mon cher ami..., fit-elle au bout d'un moment.

Je ne sais ce qu'elle voulait dire, car elle s'arrêta, exténuée, après ce début de phrase. Je me dis qu'elle pensait sans doute à ma nuit passée en ville, et je ris de nouveau.

– C'est sans importance, dis-je. Des aventures comme celle-là, certains en ont par centaines, et il ne vient pas à l'idée de leurs femmes de divorcer pour ça... Et puis, ajoutai-je, à dire vrai ça ne me plaisait même pas. Quelques minables cocottes qui faisaient des efforts pour ressembler à des Françaises!... Les pauvres!..., fis-je en terminant sur une note de vulgarité solennelle.

Lena fondit en larmes. Je crus la bataille gagnée et la pris dans mes bras.

– Ma chérie, lui murmurais-je, ma chérie, mon trésor adoré...

Sans que je m'y attende le moins du monde, Lena s'arracha de mes bras avec une telle force que je ne retrouvai mes esprits que lorsqu'elle était déjà dans la pièce voisine. Je courus après elle, mais elle avait fermé la porte. Je frappai plusieurs fois avec le poing; elle ne répondait pas. De nouveau mon hystérie me reprit.

– Eh bien, lui criai-je à travers la porte, hors de moi, les dents serrées, puisque c'est ainsi, maintenant c'est toi qui viendras me supplier! Et moi je ne voudrai plus!

A cet instant sa tante apparut sur le seuil. Je suis sûr qu'elle avait tout entendu de sa chambre.

– Qu'est-ce qu'il y a? demanda-t-elle.

Je la toisai insolemment et me mis à enfiler mon manteau pour partir.

– Nous nous séparons, dis-je en lissant mon revers. Il était temps du reste. Je lui baisai la main et partis.

Le lendemain matin je fis venir l'un de mes amis avocats et le priai de commencer les formalités du divorce. Je lui dis que je ne me présenterais à aucune confrontation. D'ailleurs j'avais décidé de partir dans quelques jours à l'étranger.

– Mais que se passe-t-il, mon vieux?, me demanda l'avocat. (Il faisait partie des admirateurs de notre ménage.)

– Lena ne veut pas avoir d'enfants, lui répondis-je avec gravité.

Je croyais en effet moi aussi que tel était le vrai motif, quoiqu'il se noyât dans toute sorte d'incidents et de poisons qui le déformaient, qui en changeaient totalement le sens et les conséquences.

– ... A mes yeux c'est un devoir sacré, ajoutai-je, un peu étonné tout de même du ton solennel que je prenais. Vois-tu, je suis résolument contre le mariage moderne, basé exclusivement sur l'égoïsme...

Je m'écoutais parler, m'enivrant de mes propres paroles. Lorsque je me retrouvai seul, je me mis à faire les cent pas à travers mon bureau, absorbé dans mes réflexions, comme il sied à un homme posé qui a des problèmes sérieux. Inutile de vous préciser que ces problèmes je les avais inventés de toutes pièces pour justifier ma demande de divorce auprès de mon ami avocat. Le drame dans lequel j'entrais flattait d'une certaine façon ma vanité. J'étais devenu un homme qui souffre à cause de sa conscience, un mari qui sacrifie son propre foyer au nom de principes d'une haute valeur morale, etc. Plus tard, comme je devais souffrir de ces instants de vanité, de fatuité! Mais sur le moment ma douleur (ou plus précisément mon irritation) trouvait une consolation dans toute sorte d'idées fausses pour lesquelles j'imaginais que je souffrais. Il y avait aussi, naturellement, la *nouveauté* de la situation, les détails inédits qui accaparaient mon attention. Je me répétais plusieurs fois par jour : « je divorce! », « je divorce! », « je divorce! », et cela en quelque sorte ajoutait une note dramatique à ma décision irréfléchie de me séparer de Lena au plus tôt...

Mais que le réveil fut pénible! Une semaine plus tard, dans la désespérance d'un homme qui se retrouve seul et vieilli, mon amour pour Lena était redevenu aussi fort que dans les premiers mois de notre mariage; mais j'aurais eu honte de faire le moindre geste d'apaisement. Je ne sais comment expliquer cette paralysie totale. Quand je me disais : il faut que j'aille la voir, que je lui demande pardon et la prie de rentrer, je perdais toute force de décision. J'espérais bêtement qu'elle rentrerait d'elle-même, que mes supplications ne seraient pas nécessaires. J'appris, d'autre part, qu'elle aussi souffrait horriblement. L'un de mes amis l'avait rencontrée. Elle était complètement méconnaissable, disait-il. Et pendant ce temps les démarches en vue du divorce suivaient leur cours inexorable. Un jour, exaspéré par son mutisme, je lui écrivis quelques lignes, la priant de me pardonner et de revenir. Je reçus sa réponse quelques jours seulement plus tard. « Je t'ai pardonné! » m'écrivait-elle. C'est tout. Pas un mot de plus. Je fus si humilié par cette réponse que je congédiai les domestiques, mis la clé sous la porte de l'appartement et partis pour plusieurs mois à l'étranger...

J'étais à Paris lorsque j'appris la nouvelle du décès de sa tante. Je lui adressai un télégramme de condoléances. Elle me remercia par une simple carte de visite à son nom de jeune fille, d'où je conclus que le divorce avait été enregistré...

C'est alors seulement, lorsque je sus que Lena ne m'appartenait plus, que je compris que ma vie avait échoué lamentablement. Ce sentiment, le sentiment de notre propre naufrage, vous ne pouvez le comprendre. C'est une découverte que l'on fait avec l'âge, vers 40 ans, quand on peut encore se laisser leurrer par l'illusion que notre jeunesse n'est pas finie, que l'on a encore le temps, qu'il existe quelque part une planche de salut. Et c'est justement cette illusion que l'on a le *temps* de faire quelque chose, qu'il est en notre pouvoir de nous évader de la misère et de la désolation, qui alimente le sentiment de ratage, le sentiment de naufrage. Si l'on était vraiment vieux, peut-être ne se plaindrait-on plus des décisions du destin. Mais on croit que *quelque chose* peut encore être sauvé – et l'incapacité de rien sauver paralyse en nous toute initiative, nous anéantit.

Presque deux mois avaient passé depuis que je n'avais plus revu Lena. Parfois il me semblait que tous ces événements récents n'étaient qu'un mauvais rêve. Ils n'avaient aucune raison d'être vraiment réels, ils n'étaient imposés par aucune nécessité. Les choses se seraient déroulées si naturellement, nous aurions continué à vivre si heureux tous deux si certaines choses ne s'étaient pas produites. Mais quelle sorte de choses?, me demandais-je. Je ne pouvais croire que mon désir d'avoir des enfants avait suffi à la détourner si brutalement de moi. Je me disais que quelque chose était intervenu, avant ou après notre conversation, que quelque chose avait changé dans notre amour. Mais quoi? Je n'arrivais pas à le deviner...

Au début de l'été, ne pouvant plus supporter ma solitude d'homme abandonné, je rentrai à Bucarest. Justement Clody n'avait pas encore quitté la capitale. Je crus qu'elle au moins m'apprendrait quelque chose. Mais elle n'en savait guère plus que moi. Elle n'avait vu Lena qu'une seule fois, à l'enterrement de la vieille tante; c'est à peine si elles avaient échangé quelques paroles. Lena ne recevait plus personne, n'allait nulle part. Par la suite je compris que durant ces semaines de réclusion elle préparait méticuleusement sa disparition, qui plus tard stupéfierait tous les Bucarestois qui nous connaissaient. Elle romprait alors avec tout notre monde, le mien et le sien; du reste, comme elle n'avait que des relations et très peu d'amis, et comme elle n'était vraiment indispensable à personne, il ne lui fut pas trop difficile de disparaître sans laisser la moindre trace...

Elle ne recevait plus personne, mais elle fit tout de même une exception pour moi. J'allai la voir un matin chez elle. Elle n'avait pas encore vendu la maison qu'elle avait héritée de sa tante. Elle me fit patienter environ cinq minutes au salon. Dès que je l'aperçus je compris qu'elle ne m'avait pas oublié car elle était très émue. Si elle m'avait fait attendre quelques instants, c'était sans doute pour essuyer ses yeux et calmer les battements de son cœur...

Je lui dis que je regrettais beaucoup le malheur qui l'éprouvait. Elle baissa les yeux.

– C'est vrai, dit-elle, maintenant me voilà seule...

– Je t'ai suppliée tant de fois, ajoutai-je, en pensant à part moi qu'elle aussi sans doute s'attendait que la conversation tombât sur ce sujet.

– Mais ce n'était plus possible, murmura-t-elle.

– Pourquoi?, dis-je. Je ne comprends rien à toute cette histoire. Ou alors c'est que je me suis trompé depuis le commencement, à partir du moment où j'ai cru que tu m'aimais!...

– Je t'aimais énormément, dit-elle, levant les yeux. Tu n'as pas le droit d'en douter...

– Et il a suffi d'une seule faute, d'une seule folie, pour que tout cet amour soit anéanti?, dis-je pathétiquement.

Elle ne me répondit pas immédiatement. Elle se tordait les mains, et je compris à la pâleur de son visage combien elle était tourmentée par ce secret qu'en vain j'essayais de lui arracher.

– Comment tout ce qui existait entre nous a-t-il pu être brisé par une seule nuit passée loin de toi?, ajoutai-je.

– Il n'y a pas que cela, répondit-elle tout bas. J'ai toujours été sincère avec toi. Je ne pouvais te mentir, surtout en un moment pareil, quand tu me demandais une chose aussi importante dans la vie d'une femme... Je voulais sauver au moins cette étape. J'avais tant espéré que, s'il existait ne fût-ce qu'une chose que je ne ferais pas au hasard, ce serait celle-là. Car j'ai tout fait au hasard, ajouta-t-elle en baissant les yeux. Il n'était plus nécessaire que nous nous rencontrions s'il fallait que les choses en arrivent là...

– Je n'y comprends rien, dis-je, réellement attristé. Je ne comprends qu'une chose, c'est que ton amour est fini...

– C'est vrai...

Nous nous regardâmes dans les yeux, profondément. Plus tard je me suis demandé comment je pus supporter ce regard pensif, mélancolique et pourtant limpide comme le verre. Vraiment, comment eus-je la force de le supporter, jusqu'au bout?...

– Je voulais te voir encore une fois, ajouta-t-elle d'une voix ferme. Je ne voulais pas que tu gardes de moi une image fausse, une image faussée par tout ce qui est arrivé ces derniers temps...

– Pourquoi ne m'as-tu rien dit? Pourquoi n'as tu pas attiré mon attention?...

– A quoi bon!, fit-elle.

Je demeurai pensif un instant.

– Et pourtant, dis-je, comme nous aurions pu être heureux!...

– Ne l'avons-nous pas été?, répondit-elle. As-tu oublié si vite?...

– Je veux dire : heureux jusqu'au bout, jusqu'à la fin de notre vie...

J'étais abattu. Lena, en silence, ferma les yeux lentement, et demeura ainsi quelques instants. J'eus l'impression qu'elle me donnait à entendre que tout ce qu'elle voulait me dire, elle me l'avait dit, et qu'elle attendait que je parte. Je me levai.

– Me permets-tu de te rendre visite de temps en temps?, lui demandai-je en lui baisant la main.

– Non, je te prie de ne pas chercher à me revoir, dit-elle.

... J'ai écouté sa prière...

XVI

Rien de ce qui suivit n'a évidemment plus la moindre importance. Huit années ont passé depuis lors durant lesquelles j'ai beaucoup séjourné à l'étranger, et lorsque je revenais à Bucarest c'est tout juste si j'entendais encore parler d'elle. Elle avait disparu de l'horizon mondain. Je promenais ma mélancolie par les villes que je rattachais aux moments les plus lumineux de l'amour de Lena. Puis, avec la même facilité, presque sans m'en rendre compte, j'ai oublié. D'abord que j'avais été malheureux, puis que j'avais été amoureux, et ainsi de suite. La mémoire passionnelle n'est pas une qualité de mâle. Certes, je me rappelais bien que j'avais aimé, que la seule femme que j'eusse aimé réellement c'était Lena. Ce détail, je n'ai jamais pu l'effacer de ma mémoire, à savoir que j'avais connu l'amour, que toutes mes autres aventures n'avaient été que des épisodes passagers. Mais ce n'était plus vraiment un *souvenir* de mon amour, exactement comme je ne peux pas me souvenir que je m'appelle Barbu Hasnas...

Évidemment je me suis remarié. Maintenant j'ai deux fils, deux beaux garçons qui passent leurs vacances avec leur mère en Suisse. Je m'occupe de près de leur éducation, c'est même une chose dont je suis fier. Mais, naturellement, ceci est une tout autre histoire...

Je voulais seulement vous dire, en écoutant votre confession, qu'on oublie toutes ces choses, au demeurant, très facilement, et même sans qu'il nous en coûte beaucoup. Et pourtant on ne rencontre un pareil amour qu'une fois dans sa vie. Comme vous le disiez fort justement, en un certain sens cela tient du miracle. C'est pourquoi cela survient de manière si forfuite, au milieu d'événements absolument frivoles et insignifiants... Il est en notre pouvoir de réaliser ce miracle. Mais nous nous en rendons compte trop tard, nous nous en rendons compte toujours trop tard...

S'interrompant brusquement, Hasnas s'approcha de la fenêtre. La nuit s'achevait en grand secret. Autant que l'on pût voir avec les yeux, le ciel au-dessus de la forêt de sapins était comme pétrifié, sans étoiles, décoloré...

– Je crois que le colonel vient nous réveiller! dit Hasnas. Il est presque quatre heures.

Son compagnon ne bougea pas. Il était là, affalé sur son lit, la tête appuyée dans ses mains, s'efforçant apparemment de suivre une pensée que le bruit des pas dans le corridor embrouillait plus encore.

– Le voilà!, fit Hasnas, ragaillardi. Je doute

que dans l'état où nous sommes il nous trouve bons pour le service...

Il s'approcha de la table et souffla sur la lampe. La pièce resta plongée dans une lumière sale, violette. Le colonel s'arrêta sur le seuil de la porte, étonné de rencontrer ces odeurs de tabac et de lampe à pétrole...

– Nous avons parlé toute la nuit, lui dit Hasnas. Nous nous sommes raconté l'un à l'autre nos amours de jeunesse, ajouta-t-il avec un sourire amer.

Le colonel hésita un instant, se frottant le menton d'un air soucieux.

– Mais cela ne fait rien, dit Hasnas, nous allons tout de même à la chasse. Les monts Harghita ne sont pas si durs.

– Prenons encore une tasse de café!, dit Mavrodin en se levant du lit.

– D'accord, mais faisons vite!, dit le colonel. Il ne faut pas que le jour nous surprenne...

– Pendant que vous préparez le café moi je vais me laver et me changer, dit Hasnas.

Le colonel le laissa partir, puis il entra dans la pièce et s'assit sur une chaise, près de la porte. Comme s'il ne l'observait pas, Mavrodin ouvrit l'armoire et se mit à chercher parmi ses chemises. Il se choisit une flanelle de laine avec un col rabattu. Puis il remplit la bouilloire à café et la posa sur le fourneau. Le colonel suivait ses gestes avec attention.

– Qu'est-ce que « Monsieur » Barbu avait donc de si long à vous raconter?, demanda-t-il enfin.

– Des souvenirs de jeunesse, répondit l'autre laconiquement.

Le colonel caressa sa joue fraîchement rasée.

– Il a fait les quatre cents coups cet homme-là en son temps, dit-il avec un contentement longtemps retenu. Demandez-lui de vous raconter sa vie comme ça une ou deux semaines encore, et alors quel bouquin ça fera!...

Lorsque Hasnas revint, sa tasse de café l'attendait sur le plateau. Mavrodin avait fini de s'habiller. Dans la lumière trouble de l'aurore tous deux montraient des traits tirés, durcis par la fatigue.

– Buvez votre café en vitesse, il ne faut pas que nous rations les pigeons, dit le colonel.

Il partit détacher les limiers. Les deux amis restèrent silencieux quelque temps, Mavrodin rangeant ses affaires dans l'armoire, Hasnas buvant son café d'un air songeur.

– Heureusement que nos voisins avaient le sommeil lourd, dit Hasnas tout à coup. Sans quoi ils ne nous auraient pas laissés bavarder toute la nuit...

Mavrodin endossa une wind-jacket par-dessus sa flanelle, préoccupé seulement par les préparatifs de la chasse.

– Et vous ne l'avez plus revue depuis lors?,

demanda-t-il brusquement, sans détourner son regard.

– Non, répondit Hasnas. A vrai dire je ne l'ai pas cherchée. Pour moi c'est une affaire classée depuis longtemps...

– Et vous n'avez plus rien entendu dire d'elle? Durant tant d'années?, demanda encore Mavrodin.

Hésitant quelques instants, Hasnas reprit, d'une voix neutre, comme si tout ce qu'il allait dire avait été sans importance :

– Six ou sept mois après notre séparation, un jeune garçon est venu me voir. Il prétendait être son demi-frère, élevé par je ne sais quels parents de province. Il venait me taper de quelques milliers de lei, dont il avait besoin, me dit-il, pour un examen. Je lui donnai l'argent, sans croire un seul mot de ce qu'il me disait. Il n'avait même pas le courage de me regarder dans les yeux. Je crois que c'était un vagabond, un parent éloigné de Lena, car elle ne m'avait jamais parlé d'un demi-frère...

Mavrodin l'avait écouté sans bouger. Puis il ouvrit le tiroir de la table et y prit deux paquets de cigarettes. L'instant d'après les chiens faisaient irruption dans la pièce. Ils bondissaient comme des fous, sautaient sur eux, leur léchaient les mains, frétillaient, glapissaient. Hasnas se mit à les caresser.

– Tout doux, tout doux, leur faisait-il.

– Dépêchons-nous, dit Mavrodin. Il ne faut pas que nous réveillions les gens...

Ils sortirent par le couloir. Le colonel venait

à leur rencontre, tenant les fusils dans ses mains.

– Je les ai inspectés! dit-il avec une évidente satisfaction.

Tous trois descendirent les marches menant à la cour avec beaucoup de précaution, prenant soin de ne pas faire de bruit. Ils traversèrent un verger et prirent la direction de la forêt. La lune était réapparue, une lune pâle, figée. On entendait de plus en plus distinctement le murmure du ruisseau. Le colonel pressait le pas à mesure qu'ils s'éloignaient du refuge. Il s'efforçait de retenir les chiens le plus près possible de lui, les sifflant par intervalles, d'une certaine manière dure et presque inhumaine que les deux autres connaissaient bien.

– Luky! Luky! criait le colonel en avançant dans la forêt.

Les deux autres restaient à la traîne. Ils marchaient sans dire un mot, pensifs. Lorsqu'ils furent arrivés au petit pont traversant le ruisseau Mavrodin s'arrêta.

– Il y a quelque chose que je voudrais vous demander encore, dit-il, d'une voix étranglée.

Son compagnon s'arrêta à son tour et s'assit sur la traverse du petit pont.

– Croyez-vous qu'Ileana vit toujours? ajouta Mavrodin en levant les yeux.

– Non, répondit Hasnas tout bas. Elle est morte...

Portant sa main à son front, Mavrodin se frotta légèrement, puis la laissa retomber mollement.

– C'est mon sentiment à moi aussi, dit-il. Je ressens la même chose...

Puis il se tut, les yeux rivés sur l'eau peu profonde du ruisseau. A cet instant un claquement sourd d'arme à feu retentit au loin. Hasnas tourna la tête vers la lisière de la forêt, là où commençaient les chaumes.

– Ce sont des pigeons sauvages, dit-il. Le colonel est chanceux aujourd'hui... Rejoignons-le, ajouta-t-il au bout d'un moment en redressant son fusil sur son dos.

Ils reprirent leur marche d'un pas nerveux, comme s'ils avaient eu hâte de retrouver leur compagnon de chasse. On entendait de plus en plus clairement dans la forêt la voix du colonel hélant ses chiens.

DU MÊME AUTEUR

Aux Éditions Gallimard

TECHNIQUES DU YOGA, 1948.

LE MYTHE DE L'ÉTERNEL RETOUR. Archétypes et répétition, 1949.

IMAGES ET SYMBOLES. Essais sur le symbolisme magico-religieux, 1952.

MYTHES, RÊVES ET MYSTÈRES, 1957.

NAISSANCES MYSTIQUES. Essai sur quelques types d'initiation, 1959.

MÉPHISTOPHÉLÈS ET L'ANDROGYNE, 1962.

ASPECTS DU MYTHE, 1963.

LE SACRÉ ET LE PROFANE, 1965.

LA NOSTALGIE DES ORIGINES. Méthodologie et histoire des religions, 1971.

FRAGMENTS D'UN JOURNAL, I. 1945-1969 *(traduit par Luc Badesco)*, 1973.

INITIATION, RITES, SOCIÉTÉS SECRÈTES. Naissances mystiques. Essai sur quelques types d'initiation, 1976. Nouvelle édition de l'ouvrage *Naissances mystiques.*

OCCULTISME, SORCELLERIE ET MODES CULTURELLES *(traduit par Jean Malaquais)*, 1978.

LES PROMESSES DE L'ÉQUINOXE. MÉMOIRE, I. 1907-1937 *(traduit par Constantin N. Grigoresco)*, 1980.

FRAGMENTS D'UN JOURNAL, II. 1970-1978 *(traduit par C. Grigoresco)*, 1981.

BRISER LE TOIT DE LA MAISON. La créativité et ses symboles *(ouvrage publié sous la direction d'Alain Paruit)*, 1986.

LES MOISSONS DU SOLSTICE MÉMOIRE, II. 1937-1960 *(traduit par Alain Paruit)*, 1988.

FRAGMENTS D'UN JOURNAL III. 1979-1985 *(traduit par Alain Paruit)*, 1991.

COSMOLOGIE ET ALCHIMIE BABYLONIENNES *(traduit par Alain Paruit)*, 1991.

CONTRIBUTION À LA PHILOSOPHIE DE LA RENAISSANCE *suivi* d'ITINÉRAIRE ITALIEN (*traduit par Alain Paruit*), 1992.

LA BIBLIOTHÈQUE DU MAHARADJA/SOLILOQUES *(traduit par Alain Paruit)*, 1996.

Romans, récits et nouvelles

LA NUIT BENGALI *(traduit par Alain Guillermou)*, 1950.

FORÊT INTERDITE *(traduit par Alain Guillermou)*, 1955.

LE VIEIL HOMME ET L'OFFICIER *(traduit par Alain Guillermou)*, 1977.

UNIFORMES DE GÉNÉRAL *(traduit par Alain Paruit)*, 1981.

LE TEMPS D'UN CENTENAIRE suivi de DAYAN *(traduit par Alain Paruit)*, 1981.

LES DIX-NEUF ROSES *(traduit par Alain Paruit)*, 1982.

LES TROIS GRÂCES *(traduit par Marie-France Ionesco et Alain Paruit)*, 1984.

À L'OMBRE D'UNE FLEUR DE LYS... *(traduit par Alain Paruit)*, 1985.

CONTRIBUTION À LA PHILOSOPHIE DE LA RENAISSANCE *suivi d'*ITINÉRAIRE ITALIEN *(traduit par Alain Paruit)*, 1992.

Chez d'autres éditeurs

TRAITÉ D'HISTOIRE DES RELIGIONS, Payot, 1949.

LE YOGA, IMMORTALITÉ ET LIBERTÉ, Payot, 1951.

LE CHAMANISME ET LES TECHNIQUES ARCHAÏQUES DE L'EXTASE, Payot, 1954.

MINUIT À SERAMPORE, Stock, 1956.

FORGERONS ET ALCHIMISTES, Flammarion, 1956.

PATANJALI ET LE YOGA, Éditions du Seuil, 1962.

DE ZALMOXIS À GENGIS KHAN, Payot, 1970.

RELIGIONS AUSTRALIENNES, Payot, 1972.

HISTOIRE DES CROYANCES ET DES IDÉES RELIGIEUSES I et II, Payot, 1976 ; III, Payot, 1983

L'ÉPREUVE DU LABYRINTHE (entretiens avec Cl-H. Rocquet), Belfond, 1978.

MADEMOISELLE CHRISTINA *(traduit par Claude B. Levenson)*, L'Herne, 1978.

ANDRONIC ET LE SERPENT *(traduit par Claude B. Levenson)*, L'Herne, 1979.

NOCES AU PARADIS *(traduit par M. Ferrand)*, L'Herne, 1981.

LES HOOLIGANS *(traduit par Alain Paruit)*, L'Herne, 1987.

L'INDE *(traduit par Alain Paruit)*, L'Herne, 1988.

FRAGMENTARIUM *(traduit par Alain Paruit)*, L'Herne, 1989.

L'ALCHIMIE ASIATIQUE *(traduit par Alain Paruit)*, L'Herne, 1990).

LE ROMAN DE L'ADOLESCENT MYOPE *(traduit par Irina Mavrodin)*, Actes Sud, 1992.

L'IMAGINAIRE

GALLIMARD

Axée sur les constructions de l'imagination, cette collection vous invite à découvrir les textes les plus originaux des littératures romanesques française et étrangères.

Volumes parus

227. Philippe Sollers : *Drame.*
228. Guillaume Apollinaire : *Lettres à Lou.*
229. Hermann Broch : *Les somnambules.*
230. Raymond Roussel : *Locus Solus.*
231. John Dos Passos : *Milieu de siècle.*
232. Elio Vittorini : *Conversation en Sicile.*
233. Édouard Glissant : *Le quatrième siècle.*
234. Thomas De Quincey : *Les confessions d'un mangeur d'opium anglais* suivies de *Suspiria de profundis* et de *La malle-poste anglaise.*
235. Eugène Dabit : *Faubourgs de Paris.*
236. Halldor Laxness : *Le Paradis retrouvé.*
237. André Pieyre de Mandiargues : *Le Musée noir.*
238. Arthur Rimbaud : *Lettres de la vie littéraire d'Arthur Rimbaud*
239. Henry David Thoreau : *Walden ou La vie dans les bois.*
240. Paul Morand : *L'homme pressé.*
241. Ivan Bounine : *Le calice de la vie.*
242. Henri Michaux : *Ecuador (Journal de voyage).*
243. André Breton : *Les pas perdus.*
244. Florence Delay : *L'insuccès de la fête.*
245. Pierre Klossowski : *La vocation suspendue.*
246. William Faulkner : *Descends, Moïse.*
247. Frederick Rolfe : *Don Tarquinio.*
248. Roger Vailland : *Beau Masque.*
249. Elias Canetti : *Auto-da-fé.*
250. Daniel Boulanger : *Mémoire de la ville.*
251. Julian Gloag : *Le tabernacle.*

252. Edmond Jabès : *Le Livre des Ressemblances.*
253. J.M.G. Le Clézio : *La fièvre.*
254. Peter Matthiessen : *Le léopard des neiges.*
255. Marquise Colombi : *Un mariage en province.*
256. Alexandre Vialatte : *Les fruits du Congo.*
257. Marie Susini : *Je m'appelle Anna Livia.*
258. Georges Bataille : *Le bleu du ciel.*
259. Valery Larbaud : *Jaune bleu blanc.*
260. Michel Leiris : *Biffures* (*La règle du jeu*, I).
261. Michel Leiris : *Fourbis* (*La règle du jeu*, II).
262. Marcel Jouhandeau : *Le parricide imaginaire.*
263. Marguerite Duras : *India Song.*
264. Pierre Mac Orlan : *Le tueur nº 2.*
265. Marguerite Duras : *Le théâtre de l'Amante anglaise.*
266. Pierre Drieu la Rochelle : *Beloukia.*
267. Emmanuel Bove : *Le piège.*
268. Michel Butor : *Mobile. Étude pour une représentation des États-Unis.*
269. Henri Thomas : *John Perkins* suivi de *Un scrupule.*
270. Roger Caillois : *Le fleuve Alphée.*
271. J.M.G. Le Clézio : *La guerre.*
272. Maurice Blanchot : *Thomas l'Obscur.*
273. Robert Desnos : *Le vin est tiré...*
274. Michel Leiris : *Frêle bruit* (*La règle du jeu*, IV).
275. Michel Leiris : *Fibrilles* (*La règle du jeu*, III).
276. Raymond Queneau : *Odile.*
277. Pierre Mac Orlan : *Babet de Picardie.*
278. Jacques Borel : *L'Adoration.*
279. Francis Ponge : *Le savon.*
280. D.A.F. de Sade : *Histoire secrète d'Isabelle de Bavière, Reine de France.*
281. Pierre Drieu la Rochelle : *L'homme à cheval.*
282. Paul Morand : *Milady* suivi de *Monsieur Zéro.*
283. Maurice Blanchot : *Le dernier homme.*
284. Emmanuel Bove : *Départ dans la nuit* suivi de *Non-lieu.*
285. Marcel Proust : *Pastiches et mélanges.*
286. Bernard Noël : *Le château de Cène* suivi de *Le château de Hors. L'outrage aux mots. La pornographie.*
287. Pierre Jean Jouve : *Le monde désert.*
288. Maurice Blanchot : *Au moment voulu.*

289. André Hardellet : *Le seuil du jardin.*
290. André Pieyre de Mandiargues : *L'Anglais décrit dans le château fermé.*
291. Georges Bataille : *Histoire de l'œil.*
292. Henri Thomas : *Le précepteur.*
293. Georges Perec : *W ou le souvenir d'enfance.*
294. Marguerite Yourcenar : *Feux.*
295. Jacques Audiberti : *Dimanche m'attend.*
296. Paul Morand : *Fermé la nuit.*
297. Roland Dubillard : *Olga ma vache. Les Campements. Confessions d'un fumeur de tabac français.*
298. Valery Larbaud : *Amants, heureux amants...* précédé de *Beauté, mon beau souci...* suivi de *Mon plus secret conseil.*
299. Jacques Rivière : *Aimée.*
300. Maurice Blanchot : *Celui qui ne m'accompagnait pas.*
301. Léon-Paul Fargue : *Le piéton de Paris* suivi de *D'après Paris.*
302. Joë Bousquet : *Un amour couleur de thé.*
303. Raymond Queneau : *Les enfants du limon.*
304. Marcel Schwob : *Vies imaginaires.*
305. Guillaume Apollinaire : *Le flâneur des deux rives* suivi de *Contemporains pittoresques.*
306. Arthur Adamov : *Je... Ils...*
307. Antonin Artaud : *Nouveaux écrits de Rodez.*
308. Max Jacob : *Filibuth ou La montre en or.*
309. J.M.G. Le Clézio : *Le déluge.*
310. Pierre Drieu la Rochelle : *L'homme couvert de femmes.*
311. Salvador Dali : *Journal d'un génie.*
312. D.A.F. de Sade : *Justine ou les malheurs de la vertu.*
313. Paul Nizan : *Le cheval de Troie.*
314. Pierre Klossowski : *Un si funeste désir.*
315. Paul Morand : *Les écarts amoureux.*
316. Jean Giono : *Rondeur des jours (L'eau vive I).*
317. André Hardellet : *Lourdes, lentes...*
318. Georges Perros : *Papiers collés, III.*
319. Violette Leduc : *La folie en tête.*
320. Emmanuel Berl : *Sylvia.*
321. Marc Bernard : *Pareils à des enfants...*
322. Pierre Drieu la Rochelle : *Rêveuse bourgeoisie.*
323. Eugène Delacroix : *Lettres intimes.*
324. Raymond Roussel : *Comment j'ai écrit certains de mes livres.*

325. Paul Gadenne : *L'invitation chez les Stirl.*
326. J.M.G. Le Clézio : *Voyages de l'autre côté.*
327. Gaston Chaissac : *Hippobosque au Bocage.*
328. Roger Martin du Gard : *Confidence africaine.*
329. Henri Thomas : *Le parjure.*
330. Georges Limbour : *La pie voleuse.*
331. André Gide : *Journal des faux-monnayeurs.*
332. Jean Giono : *L'oiseau bagué (L'eau vive II).*
333. Arthur Rimbaud : *Correspondance (1888-1891).*
334. Louis-René Des Forêts : *Les mendiants.*
335. Joë Bousquet : *Traduit du silence.*
336. Pierre Klossowski : *Les lois de l'hospitalité.*
337. Michel Leiris : *Langage tangage ou Ce que les mots me disent*
338. Pablo Picasso : *Le désir attrapé par la queue.*
339. Marc Bernard : *Au-delà de l'absence.*
340. Jean Giono : *Les terrasses de l'île d'Elbe.*
341. André Breton : *Perspective cavalière.*
342. Rachilde : *La Marquise de Sade.*
343. Marcel Arland : *Terres étrangères.*
344. Paul Morand : *Tendres stocks.*
345. Paul Léautaud : *Amours.*
346. Adrienne Monnier : *Les gazettes (1923-1945).*
347. Guillaume Apollinaire : *L'Arbre à soie et autres Échos du* Mercure de France *(1917-1918).*
348. Léon-Paul Fargue : *Déjeuners de soleil.*
349. Henri Calet : *Monsieur Paul.*
350. Max Jacob : *Le terrain Bouchaballe.*
351. Violette Leduc : *La Bâtarde.*
352. Pierre Drieu la Rochelle : *La comédie de Charleroi.*
353. André Hardellet : *Le parc des Archers* suivi de *Lady Long Solo.*
354. Alfred Jarry : *L'amour en visites.*
355. Jules Supervielle : *L'Arche de Noé.*
356. Victor Segalen : *Peintures.*
357. Marcel Jouhandeau : *Monsieur Godeau intime.*
358. Roger Nimier : *Les épées.*
359. Paul Léautaud : *Le petit ami.*
360. Paul Valéry : *Lettres à quelques-uns.*
361. Guillaume Apollinaire : *Tendre comme le souvenir.*
362. J.M.G. Le Clézio : *Les Géants.*
363. Jacques Audiberti : *Les jardins et les fleuves.*

364. Louise de Vilmorin : *Histoire d'aimer.*
365. Léon-Paul Fargue : *Dîner de lune.*
366. Maurice Sachs : *La chasse à courre.*
367. Jean Grenier : *Voir Naples.*
368. Valery Larbaud : *Aux couleurs de Rome.*
369. Marcel Schwob : *Cœur double.*
370. Aragon : *Les aventures de Télémaque.*
371. Jacques Stephen Alexis : *Les arbres musiciens.*
372. André Pieyre de Mandiargues : *Porte dévergondée.*
373. Philippe Soupault : *Le nègre.*
374. Philippe Soupault : *Les dernières nuits de Paris.*
375. Michel Leiris : *Mots sans mémoire.*
376. Daniel-Henry Kahnweiler : *Entretiens avec Francis Crémieux.*
377. Jules Supervielle : *Premiers pas de l'univers.*
378. Louise de Vilmorin : *La lettre dans un taxi.*
379. Henri Michaux : *Passages.*
380. Georges Bataille : *Le Coupable* suivi de *L'Alleluiah.*
381. Aragon : *Théâtre/Roman.*
382. Paul Morand : *Tais-toi.*
383. Raymond Guérin : *La tête vide.*
384. Jean Grenier : *Inspirations méditerranéennes.*
385. Jean Tardieu : *On vient chercher Monsieur Jean.*
386. Jules Renard : *L'œil clair.*
387. Marcel Jouhandeau : *La jeunesse de Théophile.*
388. Eugène Dabit : *Villa Oasis ou Les faux bourgeois.*
389. André Beucler : *La ville anonyme.*
390. Léon-Paul Fargue : *Refuges.*
391. J.M.G. Le Clézio : *Terra Amata.*
393. Jean Giraudoux : *Les contes d'un matin.*
394. J.M.G. Le Clézio : *L'inconnu sur la terre.*
395. Jean Paulhan : *Les causes célèbres.*
396. André Pieyre de Mandiargues : *La motocyclette.*
397. Louis Guilloux : *Labyrinthe.*
398. Jean Giono : *Cœurs, passions, caractères.*
399. Pablo Picasso : *Les quatre petites filles.*
400. Clément Rosset : *Lettre sur les Chimpanzés.*
401. Louise de Vilmorin : *Le lit à colonnes.*
402. Jean Blanzat : *L'Iguane.*
403. Henry de Montherlant : *Les Bestiaires.*
404. Jean Prévost : *Les frères Bouquinquant.*

405. Paul Verlaine : *Les mémoires d'un veuf.*
406. Louis-Ferdinand Céline : *Semmelweis.*
407. Léon-Paul Fargue : *Méandres.*
408. Vladimir Maïakovski : *Lettres à Lili Brik (1917-1930).*
409. Unica Zürn : *L'Homme-Jasmin.*
410. V.S. Naipaul : *Miguel Street.*
411. Jean Schlumberger : *Le lion devenu vieux.*
412. William Faulkner : *Absalon, Absalon !*
413. Jules Romains : *Puissances de Paris.*
414. Iouri Kazakov : *La petite gare et autres nouvelles.*
415. Alexandre Vialatte : *Le fidèle Berger.*
416. Louis-René des Forêts : *Ostinato.*
417. Edith Wharton : *Chez les heureux du monde.*
418. Marguerite Duras : *Abahn Sabana David.*
419. André Hardellet : *Les chasseurs I et II.*
420. Maurice Blanchot : *L'attente l'oubli.*
421. Frederic Prokosch : *La tempête et l'écho.*
422. Violette Leduc : *La chasse à l'amour.*
423. Michel Leiris : *À cor et à cri.*
424. Clarice Lispector : *Le bâtisseur de ruines.*
425. Philippe Sollers : *Nombres.*
426. Hermann Broch : *Les Irresponsables.*
427. Jean Grenier : *Lettres d'Égypte, 1950,* suivi de *Un été au Liban.*
428. Henri Calet : *Le bouquet.*
429. Iouri Tynianov : *Le Disgracié.*
430. André Gide : *Ainsi soit-il* ou *Les jeux sont faits.*
431. Philippe Sollers : *Lois.*
432. Antonin Artaud : *Van Gogh, le suicidé de la société.*
433. André Pieyre de Mandiargues : *Sous la lame.*
434. Thomas Hardy : *Les petites ironies de la vie.*
435. Gilbert Keith Chesterton : *Le Napoléon de Notting Hill.*
436. Theodor Fontane : *Effi Briest.*
437. Bruno Schulz : *Le sanatorium au croque-mort.*
438. André Hardellet : *Oneïros* ou *La belle lurette.*
439. William Faulkner : *Si je t'oublie, Jérusalem. Les palmiers. sauvages.*
440. Charlotte Brontë : *Le professeur.*
441. Philippe Sollers : *H.*
442. Louis-Ferdinand Céline : *Ballets sans musique, sans rien*, précédé de *Secrets dans l'île* et suivi de *Progrès.*

443. Conrad Aiken : *Au-dessus de l'abysse.*
444. Jean Forton : *L'épingle du jeu.*
446. Edith Wharton : *Voyage au Maroc.*
447. Italo Svevo : *Une vie.*
448. Thomas de Quincey : *La nonne militaire d'Espagne.*
449. Anne Brontë : *Agnès Grey.*
450. Stig Dagerman : *Le serpent.*
451. August Strindberg : *Inferno.*
452. Paul Morand : *Hécate et ses chiens.*
453. Theodor Francis Powys : *Le Capitaine Patch.*
454. Salvador Dali : *La vie secrète de Salvador Dali.*
455. Edith Wharton : *Le fils et autres nouvelles.*
456. John Dos Passos : *La belle vie.*
457. Juliette Drouet : *« Mon grand petit homme... ».*
458. Michel Leiris : *Nuits sans nuit.*
459. Frederic Prokosch : *Béatrice Cenci.*
460. Leonardo Sciascia : *Les oncles de Sicile.*
461. Rabindranath Tagore : *Le Vagabond et autres histoires.*
462. Thomas de Quincey : *De l'Assassinat considéré comme un des Beaux-Arts.*
463. Jean Potocki : *Manuscrit trouvé à Saragosse.*
464. Boris Vian : *Vercoquin et le plancton.*
465. Gilbert Keith Chesterton : *Le nommé Jeudi.*
466. Iris Murdoch : *Pâques sanglantes.*
467. Rabindranath Tagore : *Le naufrage.*
468. José Maria Arguedas : *Les fleuves profonds*
469. Truman Capote : *Les Muses parlent.*
470. Thomas Bernhard : *La cave.*
471. Ernst von Salomon : *Le destin de A.D.*
472. Gilbert Keith Chesterton : *Le Club des Métiers bizarres.*
473. Eugène Ionesco : *La photo du colonel.*
474. André Gide : *Le voyage d'Urien.*
475. Julio Cortázar : *Octaèdre.*
476. Bohumil Hrabal : *La chevelure sacrifiée.*
477. Sylvia Townsend Warner : *Une lubie de Monsieur Fortune.*
478. Jean Tardieu : *Le Professeur Frœppel.*
479. Joseph Roth : *Conte de la 1002e nuit.*
480. Kôbô Abe : *Cahier Kangourou.*
481. Rainer Maria Rilke, Boris Pasternak, Marina Tsvétaïeva : *Correspondance à trois.*

Ouvrage reproduit
par procédé photomécanique.
Impression Société Nouvelle Firmin-Didot
à Mesnil-sur-l'Estrée, le 2 septembre 2004.
Dépôt légal : septembre 2004.
1er dépôt légal : avril 1986.
Numéro d'imprimeur : 69779.

ISBN 2-07-070656-7/Imprimé en France.

132370